ワークシートを活用した実践アクション・リサーチ

理想的な英語授業をめざして

三上明洋 著

大修館書店

■まえがき

　「アクション・リサーチの会@近畿」の活動を中心に，これまでに中学・高校・高専・大学における英語教員とともにアクション・リサーチの実践に挑戦する機会を多く持ってきました。その経験を通して強く感じることは，アクション・リサーチという研究手法には実践上の複雑さや曖昧さがあり，教員がそのリサーチ手法を正確に理解し，自分の授業を改善するために活用するということは予想以上に難しいということです。しかし，その一方で，アクション・リサーチを実践した教員の感想を聞いてみると，「自分の授業が変わった」「以前に比べて授業をするのが楽しくなった」「生徒の反応を注意深く観察するようになった」「授業がうまくいかないのは，生徒のせいではなく，自分のやり方のせいだと思うようになった」など，教員の意識が大きく変化し，それが授業改善に強く結びついていることを感じずにはいられません。つまり，アクション・リサーチを実践し，自分の授業を見つめ直すことが，教員の成長には欠かせないと言っても過言ではないと思います。

　近頃，アクション・リサーチは，教員の指導力を向上させたり，授業改善を図るための効果的な手段として注目を浴び，その研究手法を紹介する書籍が出版されたり，それを扱う研修会や研究会も多く開催されるようになってきています。特に，佐野正之先生の著書『アクション・リサーチのすすめ』ではその理論と実践方法が詳しく紹介され，続いて出版された『はじめてのアクション・リサーチ』には多くのリサーチ実践例が掲載されており，アクション・リサーチの理解には欠かせないものとなっています。しかし，残念ながら，はじめに述べたようにアクション・リサーチの実践上の複雑さや難解さはなかなか解決できず，教員が，自分の授業を改善するために，実際にその研究手法を十分に活用できていないのが現状のようです。

　そこで，本書では，教員が自分の授業を改善するためには，アクション・リサーチをどう理解し，どう活用していけばよいのかという観点から，その研究手法をできるだけ具体的にわかりやすく説明しています。また，アクション・リサーチを計画・実践するために役立つワークシート（全18種類）を用意し，実際にそれらに書き込んでいくことによって，アクション・リサーチの1サイクルをはじめから終わりまで体験することができるようになっています。さらに，このワークシート類は，すべて「アクション・リサーチの会@近畿」のウェブページから入手できるようになっていますので，2回目以降のリサーチ実践の際には，是非活用して下さい。詳しくはviiiページをご覧下さい。

　本書の第一の目的は，単にアクション・リサーチという研究手法の紹介にとどま

まえがき

るのではなく，読者のみなさんが実際にアクション・リサーチを実践し，自分の授業を改善するための手助けをすることです。そのため，まず第1部では，初めてアクション・リサーチを実践する教員が心に抱く10の疑問を取り上げ，その研究手法の基本的な枠組みを説明しています。そして，本書の中心となる第2部では，自分の授業を対象とするアクション・リサーチを計画・実践できるよう，多数のワークシートを用意し，アクション・リサーチの進め方をわかりやすく説明しています。その際，リサーチ実践例として，中学校英語教員によるリサーチのはじめから終わりまでを通して紹介するとともに，高校・大学でのリサーチの概要もそれぞれ紹介しています。これらを参考にし，実際に自分自身のリサーチに関してワークシートに書き込みながら読み進めて下さい。最後に，第3部では，アクション・リサーチの実践者と支援者に対して，それを成功させるためのポイントを説明するとともに，アクション・リサーチの支援を充実させるための新しい方法としてメンタリングという手法を紹介しています。

　これまでアクション・リサーチのことを全く知らない教員はもちろん，どこかでそれを耳にしたことはあるがリサーチの実践となるとしりごみをしてしまっていた教員，都道府県や市町村における英語教育の改革をリードしていきたい指導主事，あるいは，英語教育関連の研究をしている大学院生やこれから英語教員として教壇に立つことを夢見る学生など，アクション・リサーチは，教育に関わる多くの人達の強い味方となってくれるはずです。本書を通じて，1人でも多くの教員が，アクション・リサーチに興味を持ち，実際にそれを実践し，その成功を体験できるよう，みなさんの背中を軽く後押しすることができればとてもうれしく思います。

　最後になりましたが，これまでアクション・リサーチの実践にともに取り組んでいただいた諸先生方やその生徒・学生諸君に深く感謝申し上げます。このような仲間との数多くの出会いがなければ，本書は完成しなかったと言えます。特に，重野準司先生（上越市教育委員会），鴨井淳一先生（上越市立城西中学校），近藤泰城先生（三重県立桑名高等学校）には多忙を極めているにもかかわらずアクション・リサーチ実践例の作成に関してご協力をいただき，厚くお礼申し上げます。また，私の草稿に丁寧に目を通し，詳細なコメントをいただいた三上由香先生（大阪商業大学）にも心からお礼申し上げます。さらに，本書の出版に際して，お世話いただいた大修館書店の北村和香子氏に深く感謝します。

　なお，本書は，平成15, 16, 17年度の文部科学省科学研究費補助金（若手研究B），並びに平成18, 19, 20年度の文部科学省科学研究費補助金（若手研究B）を受けて行われた研究成果の一部であることをここに記し，感謝します。

2010年2月

三上　明洋

目　次

まえがき　iii
本書の使い方　viii

第1部　アクション・リサーチを理解しよう！　3

第1章　アクション・リサーチとは何か　4
1. 10の疑問　4
2. 理論から実践へ　15

第2部　アクション・リサーチを実践しよう！　17

第1章　事前準備　18
1. Step 0　準備　18
    1.1. リサーチ対象クラスの決定　18
    1.2. リサーチ・スケジュールの決定　19
    1.3. スケジュール決定の注意点　20
    1.4. リサーチの開始宣言　22
    ▶実践例：Step 0 ──── 23

第2章　Phase I：Focus　26
1. 全体の流れ　26
2. Step 1　現状把握　27
    2.1. Journalの記録　28
    2.2. Journalの記録方法の注意点　28
    2.3. 問題点の発見と整理　30
    2.4. Journalの記録の継続と公表　32
    2.5. Step 1からStep 2へ　32
    ▶実践例：Step 1 ──── 33
    ▶成功の秘訣1 ──── 35
3. Step 2　テーマの明確化　35
    3.1. リサーチ・テーマとリサーチ・トピックの違い　36
    3.2. リサーチ・テーマの明確化　37
    3.3. Research Questionの設定　40
    3.4. Step 2からStep 3へ　41
    ▶実践例：Step 2 ──── 41
    ▶成功の秘訣2 ──── 42

- 4. Step 3　予備調査　43
  - 4.1. 調査項目の決定　43
  - 4.2. 調査方法の決定　43
  - 4.3. 予備調査の実施計画の立案　44
  - 4.4. 予備調査の実施と結果のまとめ　45
  - 4.5. 予備調査実施上の注意点　46
  - 4.6. Step 3 から Step 4 へ　47
  - ▶実践例：Step 3 —— 47
  - ▶成功の秘訣 3 —— 48
- 5. Step 4　トピックの絞り込み　49
  - 5.1. リサーチ・トピックの絞り込み方法　49
  - 5.2. リサーチ・トピックの見直し　50
  - 5.3. Step 4 から Step 5 へ　51
  - ▶実践例：Step 4 —— 52
  - ▶成功の秘訣 4 —— 53
- 6. Phase Ⅰ Focus まとめ　53

第 3 章　Phase Ⅱ：Hypothesis ……………… 54
- 1. 全体の流れ　54
- 2. Step 5　仮説設定　54
  - 2.1. 仮説の設定方法　54
  - 2.2. 仮説設定の注意点　56
  - 2.3. Step 5 から Step 6 へ　58
  - ▶実践例：Step 5 —— 58
  - ▶成功の秘訣 5 —— 59
- 3. Phase Ⅱ Hypothesis まとめ　59

第 4 章　Phase Ⅲ：Action ……………… 60
- 1. 全体の流れ　60
- 2. Step 6　計画　60
  - 2.1. 新たな指導実践の計画立案　60
  - 2.2. 計画立案における注意点　63
  - 2.3. Step 6 から Step 7 へ　63
  - ▶実践例：Step 6 —— 64
  - ▶成功の秘訣 6 —— 65
- 3. Step 7　実践　66
  - 3.1. 新たな指導実践の実施　66
  - 3.2. 生徒の反応・様子の把握　67
  - 3.3. Step 7 から Step 8 へ　68
  - ▶実践例：Step 7 —— 69
  - ▶成功の秘訣 7 —— 70
- 4. Phase Ⅲ Action まとめ　71

第5章　Phase Ⅳ：Reflection　72
1. 全体の流れ　72
2. Step 8　検証　72
   - 2.1. 仮説の検証とは　72
   - 2.2. 調査項目の決定　73
   - 2.3. 調査方法の決定　74
   - 2.4. 調査計画の立案　75
   - 2.5. 調査計画の実行とデータの集計・分析　75
   - 2.6. 調査結果のまとめと仮説の検証　77
   - 2.7. Step 8 から Step 9 へ　79
   - ▶実践例：Step 8　79
   - ▶成功の秘訣 8　82
3. Step 9　内省　83
   - 3.1. 内省を深める　83
   - 3.2. 試みた指導実践の効果と問題点　84
   - 3.3. リサーチに対する内省　84
   - 3.4. Step 9 から Step 10 へ　86
   - ▶実践例：Step 9　86
   - ▶成功の秘訣 9　89
4. Step 10　発表　89
   - 4.1. 研究発表の目的　89
   - 4.2. リサーチ概要の作成　90
   - 4.3. 研究発表の計画立案から結果のまとめまで　94
   - 4.4. Step 10 から次のリサーチ・サイクルへ　94
   - ▶実践例：Step 10　96
   - ▶成功の秘訣 10　96
5. Phase Ⅳ Reflection まとめ　98
6. リサーチを終えて　98
   - [資料 1]　アクション・リサーチの概要（中学校編）　99
   - [資料 2]　アクション・リサーチの概要（高校編）　101
   - [資料 3]　アクション・リサーチの概要（大学編）　104

第3部　アクション・リサーチを成功させよう！　107

第1章　アクション・リサーチ実践者へのメッセージ　108
第2章　アクション・リサーチ支援者へのメッセージ　110
第3章　メンタリングの活用　112

引用文献　114
あとがき　115
収録ワークシート一覧　116

■本書の使い方

　本書の第２部には，全部で18種類のワークシートのフォーマットが用意されており，ワークシート活用方法や記入例を参考にしながら，実際に紙面のワークシートに書き込むことで，アクション・リサーチの進め方を体得するしくみになっています。

　なお，ワークシートのデータ（Adobe PDFファイル）は，以下のサイトからダウンロードしてプリントアウトしていただくこともできます。

　どうぞご利用ください。

◆アクション・リサーチの会＠近畿
　http://www.eonet.ne.jp/~aki-mikami/ar/index.html
　「AR実践に役立つワークシート集」内

ワークシートを活用した

実践アクション・リサーチ

──理想的な英語授業をめざして

第1部　アクション・リサーチを理解しよう！

　質的研究手法の1つであるアクション・リサーチには，複雑で曖昧な部分が多く，その研究手法を理解することは難しいものです。

　そこで，第1部では，理論編として，教員が初めてアクション・リサーチを実践する場合に心に抱くと思われる10の疑問を取り上げ，それらを1つずつできるだけわかりやすく説明します。

　これを参考に，アクション・リサーチの基本的な枠組みとともに，それを活用した授業改善の流れについても理解を深めて下さい。

第1章　アクション・リサーチとは何か

1.　10の疑問

> **疑問1　アクション・リサーチとは，一体どのような研究手法なのですか？**

　アクション・リサーチの説明を始める前に，まずは，次の2つの質問に答えてみて下さい。

Q1：　あなたは，現在担当している（または以前担当していた）クラスの授業に関して，疑問点や問題点，あるいは改善したいと思う点がありますか？

　　　　　　　ア　ある　　　　　イ　ない

Q2：　Q1で「ある」と回答した場合，その内容をできるだけ具体的に記入して下さい。

　　具体的内容：
　　（　　　　　　　　　　　　　　　　　　　　　　　　　　　　　　　）

　Q1に対して，疑問も悩みも全くなく，常に理想的な授業が実践できていると思う教員は，恐らく1人もいないのではないでしょうか。きっと，大半の教員は，日常の授業に関して何らかの疑問や悩みを抱えながら，それでも効果的な指導を実践しようと，できる限りの努力や工夫をしていることと思います。例えば，なかなか生徒が積極的に授業に参加してくれない，宿題をやってこない生徒が多い，音読の声が小さい，英語を使う機会を増やしたい，どうしたら生徒の語彙力を増やせるのかなど，教員の抱える疑問や悩みは，さまざまなものがあり，すべてをここにあげることはとうていできません。しかし，これらの疑問や悩みは，各教員が，自分の理想とする授業と実際の担当授業の実態とのギャップに気づき，その改善を強く

願っていることの表れでもあります。つまり、教師としての強い使命感があるからこそ、教員は多くの疑問や悩みを抱えることになり、その具体的な解決策を探し求めながら、日常の指導にあたっていると言えるのです。

アクション・リサーチとは、このようにさまざまな疑問や悩みを抱えながらも、理想の授業を目指して、何とか授業改善を図っていこうとする教員を手助けする研究手法です。そして、これは、「授業内におけるさまざまな問題を解決するために、教師自らが中心となって、その授業に関するデータを収集・分析し、その問題の解決策を導き出していく研究方法」と定義できます。言い換えると、それは、Q2にあげられたさまざまな疑問点や問題点を解決するための効果的な手段となるものです。

疑問2　なぜ、アクション・リサーチを実践する必要があるのですか？

Q1とQ2では、自分の授業を見つめ直し、現在抱えている（または以前抱えていた）疑問点や問題点を探りました。ここで、その疑問点や問題点をもう一度思い出し、さらに次の質問に答えて下さい。

Q3： Q2で記入した自分の授業に関する疑問点や問題点を解決するためには、どうすればよいのかを考え、最も効果があると思われる具体的な解決策を探し出して下さい。現在思いつく範囲で結構ですので、自分の考えをまとめてみて下さい。

　　解決策：
　　（　　　　　　　　　　　　　　　　　　　　　　　　　　　　　　）

Q3は、Q2に比べると、大変難しい質問であったのではないでしょうか。なかには、解決策が全く思いつかず、何も記入できなかったという人もいるかもしれません。Q2にあげられた疑問点や問題点は、常日頃から授業を行う際に疑問に思ったり悩んだりしている点ということを考えると、むしろ、すぐに具体的な解決策を見つけ出せないという方が当然かもしれません。このように、大変複雑で解決しがたいさまざまな疑問点や問題点に頭を悩ませながら、日常の授業を行っているというのが、多くの英語教員の現状と言えるでしょう。

それでは、英語教員は、そのように簡単に解決策を見つけ出すことができない複雑で難しい疑問点や問題点に対して、どのように対処をしていったらよいのでしょうか。

1. 10の疑問

　今日，現場の教員が抱える問題は，ますます多様化・複雑化しており，あるクラスで効果のあった解決策が，別のクラスではそうではなかったり，また，1つの解決策だけでは，十分な成果が得られないことも多くあります。ですから，教員や生徒の置かれている状況に応じた最も効果的な解決策を探し出していくことが必要になります。そのためには，何よりもまず，クラスの現状をしっかりと把握することが欠かせません。そして，自分の授業をさまざまな角度から見つめ直し，そこにある疑問点や問題点を発見し，その実態を把握した上で，最も効果的な解決策を探し出すことが必要です。そのための道案内をしてくれるのが，アクション・リサーチなのです。さらに，アクション・リサーチを実践することによって，自分の探し出した解決策が本当に効果的であったのかを確認し，新たに改善の必要な点をも明らかにすることができます。

　図1に示すように，アクション・リサーチの実践を継続することによって，長期的な展望を持って，指導を計画・実践・検証・内省し，授業に繰り返し改善を加えることができ，その結果，少しずつ自分の授業を理想的な授業に近づけていくことができます。つまり，アクション・リサーチは，理想的な授業を実現するための強い味方になってくれるのです。

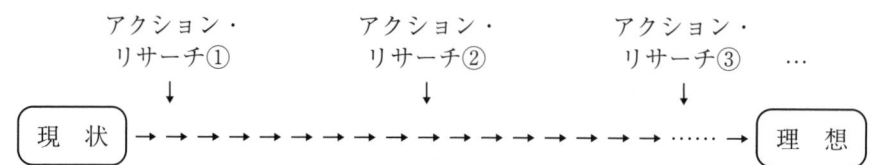

〈図1〉　アクション・リサーチによる授業改善の仕組み

> **疑問3　教員が，リサーチなんてできるのですか？**

　前にも説明した通り，アクション・リサーチでは，対象クラスの授業の現状を踏まえて，繰り返しその改善を図り，少しずつ理想的な授業を作り上げていくことが目的となります。その目的達成のためには，何よりもまず授業の現状を正確にすばやく把握することが必要です。そして，それができるのは，その授業に直接関わりを持たない外部の研究者ではなく，その授業を実際に担当する教員と参加生徒です。ですから，アクション・リサーチでは，担当教員が中心となって，主人公とも言える生徒達からの協力も得ながらリサーチを実践し，理想的な授業を作り上げていくことを目指すのです。むしろ，アクション・リサーチは，授業を担当する教員だからこそできるリサーチと言えるでしょう。

疑問4　アクション・リサーチを実践すれば，必ず授業における疑問点や問題点を解決することができるのですか？

　この疑問に対する答えは，半分は Yes で，半分は No です。なぜならば，アクション・リサーチは，あくまでも疑問点や問題点に対する解決策を見つけ出すための手段であって，解決策そのものではないからです。アクション・リサーチでは，教員が，自分の担当授業に関する疑問点や問題点を見つけ出し，生徒の反応や様子をしっかりと観察・分析することによって，現状への理解を深めながら，最も効果的な解決策を生徒と協力しながら探し出し，それを実行していきます。ですから，その疑問点・問題点と解決策のどちらも，決して他人から与えられるものではありません。それらを見つけ出すのは，あくまでもアクション・リサーチの実践者（教員）なのです。

　結局，教員が中心となって，生徒と協力しながら，授業における疑問点や問題点を自ら解決していこうという姿勢を持って，アクション・リサーチを実践するのであれば，きっと効果的な解決策を見つけ出すことができるでしょう。しかし，教員が，単にアクション・リサーチの実施手順をまねるだけで，自ら授業を改善していこうという姿勢を持つことがなければ，授業を改善するどころか，その問題点を発見することさえできないかもしれません。つまり，授業の疑問点や問題点を解決できるかどうかは，アクション・リサーチに取り組む教員の姿勢が重要な鍵になっているのです。

疑問5　アクション・リサーチの実践には，どのような姿勢で取り組んだらよいのですか？

　英語教員にとって，いかに効果的な指導を行うかは常に最大の関心事と言えますが，容易に解決されない難しい課題でもあります。これまでは，効果的な指導を行うために，言語学，心理学，教育学などの蓄積された研究成果を基に，どの教室においても実践可能で効果的な指導法を見つけ出し，それを個々の担当授業にいかに適切に当てはめていくかに，教育関係者の注目が集められてきました。しかし，どの教室においても同様に高い効果を上げることができる指導法など本当に存在するのでしょうか。

　実際には，各教員によって教育観・指導方針が異なり，生徒の方も，英語力，学習意欲，興味・関心，性格，適性などは個人によって大きく異なります。また，生徒の学習意欲となると，個人間だけでなく，個人内においてもその日の体調や気分

による影響を受け，常に一定とは言えません。さらに，学習者個人の要因だけでなく，クラス全体の雰囲気というように，学習者集団の持つ特徴も指導の効果に影響を与える要因として無視はできません。積極的に質問をする生徒や活発に発言をする生徒が多くいたり，あるいは，教員の話には目を輝かせて耳を傾けるが，発言を求められると黙り込んでうつむいてしまう生徒が多いなど，クラスによってさまざまな特徴があるのも事実です。このように，教員や生徒の各個人の要因だけでなく，各学習者集団の要因なども複雑に関連しあって，授業の効果に大きな影響を与えていると考えられます。それならば，どのクラス，どの生徒にも等しく効果的な指導法を探し出すことは非常に難しく，果たしてそのような指導法が本当に存在するのかどうかも疑わしくなってしまいます。

　ですから，アクション・リサーチでは，理想的な授業や教育環境がすべて整った形でどこか別の場所に存在すると考えるのではなく，教師自身が，問題意識を高く持って自分の授業実践を観察・分析し，それに繰り返し改善を加えていくことによって，理想的な授業を次第に作り上げていくと考えることが大切です。つまり，アクション・リサーチを実践する教員には，試行錯誤を繰り返しながら，次第に自分の授業を理想的なものに近づけていこうとする姿勢が求められるのです。

> **疑問6　アクション・リサーチの特徴というと，どのようなことがあげられますか？**

　アクション・リサーチの特徴としては，主に次の3つがあげられます。

(1) 授業に対する内省を深める

　どの教員も，授業時間，学習者，教材などのさまざまな要素を考慮し，実施可能で最も効果的であると考えられる活動を積極的に取り入れながら，日常の授業を計画・実践していることでしょう。しかし，そうした活動を取り入れることによって，本当に期待通りの成果が得られているのかと自分に問い直してみると，その回答に詰まってしまうことも多いのではないでしょうか。例えば，日常，何の疑問も持たずに行っている指導手順というのは，実は過去に自分が受けた授業の指導手順と変わらなかったり，また，自分が好む学習方法を生徒に一方的に押し付けることになっていたりしてはいないでしょうか。それから，生徒の意見や考えを無視しているわけではないとしても，それらを十分に把握し，日常の授業の中にどれだけ反映させることができているでしょうか。自分の授業を振り返ってみると，それまで気づかなかった多くのことを発見することができますが，実は，教員にとって，自分の授業の現状や効果をしっかりと見つめ直すことは，簡単なことのようでとても難しい

ことのようです。

　そこで，アクション・リサーチでは，自分の授業をできるだけ客観的に振り返る機会を積極的に持つようにします。これは，内省と呼ばれ，アクション・リサーチの中心的な活動となります。授業アンケートに寄せられた生徒の意見に目を通したり，休み時間などを利用して授業の感想を生徒達に尋ねてみたり，自分の授業をビデオに撮って見てみたり，あるいは，日頃の授業実践について同僚や先輩教員と話し合ってみたりするなど，さまざまな手段を活用して，できるだけ多くの観点から自分の授業を見つめ直します。

　このように，アクション・リサーチでは，できるだけ客観的に自分の授業を振り返り，内省を深めて，その結果をその後の授業改善に役立てるということが1つの特徴になっています。

(2) 量的データと質的データを積極的に活用する

　アクション・リサーチでは，授業改善を図るために，さまざまな方法を活用して，授業に関するデータを収集・分析しますが，その際，量的データと質的データの違いに注意しながら，その両方を最大限に活用するということが特徴と言えます。英語の試験やアンケート調査など数値で示すことができるものは，量的データとして活用し，生徒の英語力や授業に対する態度などについてクラス全体の傾向を把握するのに役立てます。一方，教員の授業記録に記された生徒の反応や様子，アンケート調査に寄せられた生徒の意見や要望など，数値では示すことができないデータもあります。これらは，数値で表すことはできませんが，授業の実態を把握し，その改善を図るためには，とても貴重なデータです。ですから，アクション・リサーチでは，このような数値では表すことのできない質的データも，量的データと合わせて積極的に活用していきます。ただし，質的データの活用については，量的データとは異なる注意点や工夫が必要です。詳しくは，疑問10で説明をしますので，そちらも参考にして下さい。

(3) 結論の一般化を目的としない

　最後に，アクション・リサーチでは，その結果得られた結論を一般化することは目的とされていないということが特徴としてあげられます。ですから，たとえ効果的な指導法が発見されたとしても，それはリサーチ対象クラスでのみ確認された結果であり，同じ指導法が，別のクラスにおいても同様に効果があると簡単に結論づけることはできません。

　しかし，だからといって，アクション・リサーチによって得られた結論の重要性が否定されるわけではありません。前にも説明したように，授業においては，さまざまな要因が，そこでの指導や学習に複雑に影響を与えています。研究対象範囲を

限定し，その複雑な要因を慎重に考慮しながら，リサーチを実践することによって，机上の空論ではなく，実践的な裏づけのある理論を構築することが可能になるからです。このように，対象クラスに関わるさまざまな要因を踏まえながらリサーチを実践するからこそ，授業改善を図るための具体的で効果的な方法を探し出すことができるのです。

　一方，残念ながら，アクション・リサーチは，結論の一般化を目的としていないという点から，リサーチとしての妥当性や信頼性が疑問視され，科学的な研究方法としては問題が残るという批判があります。しかし，このような批判は，従来の量的研究手法における評価基準に基づいており，そもそも量的研究手法を用いた研究と質的研究手法を用いるアクション・リサーチとを同じ基準によって評価しようとすること自体に問題があるという指摘もされています。

　日本の英語教育においては，アクション・リサーチという研究手法に関する研究は，まだ始まったばかりです。今後は，教育学や社会学などの研究成果をも参考にしながら，アクション・リサーチという研究手法そのものに関する研究をさらに積み重ねていく必要があるでしょう。

疑問7　アクション・リサーチでは，どのように授業改善を図るのですか？

　図2に示したように，アクション・リサーチでは，(1) 現状把握，(2) 目標設定，(3) 計画，(4) 実践，(5) 検証と内省という5つの段階を1サイクルとして，授業改善を図ります。つまり，対象クラスの現状を把握し，その結果を踏まえて，到達可能な目標を設定し，その目標達成のために必要な新たな指導実践を計画し，実際にそれを実行し，その効果を検証した後で，実施した指導実践に対する内省を深め，その成果を新たな授業改善のサイクルへ活かします。この五角形の授業改善のサイクルを繰り返すことによって，自分の授業を理想的な授業へと少しずつ近づけていき

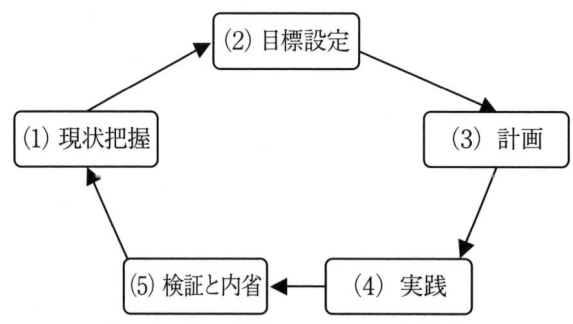

〈図2〉　アクション・リサーチによる授業改善の流れ

ます。これが，アクション・リサーチを活用した授業改善の流れになります。

> 疑問8　実際にアクション・リサーチを実践する場合，具体的には何をすればよいのですか？

　これまで，アクション・リサーチのプロセスについては，さまざまな研究者からいくつかの異なるモデルが提案されています。しかし，本書では，紙面の都合上，そのすべてを紹介することはできませんので，著者の提案するプロセスモデル（三上，2002）を基に，その具体的な実施手順を説明します。このプロセスモデルでは，複雑で難しいと言われる仮説の設定が円滑に行えるよう，リサーチの開始から仮説設定までの各Stepにおいて，段階的にリサーチの焦点を絞り込めるようになっている点が特徴です。

　本書では，このプロセスを理解しやすくするために，Ⅰ. Focus → Ⅱ. Hypothesis → Ⅲ. Action → Ⅳ. Reflection という4つのPhaseに分けることにします。さらに，これらの4つのPhaseは，10のStepに細分化されます。そして，この10のStepがアクション・リサーチの1サイクルとなり，その流れをまとめたものが図3です。これによって，リサーチの焦点を絞り，仮説を設定し，新たな指導実践を試み，そ

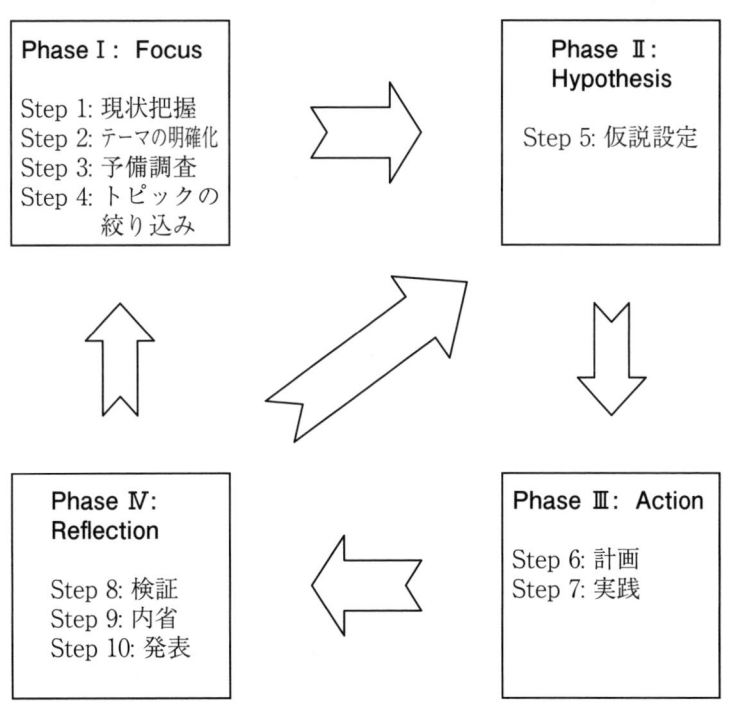

〈図3〉　アクション・リサーチの流れ

の効果を検証し，実施した指導実践に対する内省を深め，新たな仮説の設定へとつなげていくというアクション・リサーチの実施手順の全体像を確認することができるでしょう。

　また，表1では，Step 1からStep 10までのそれぞれの活動内容を簡潔に説明しています。これを参考に，まずは，各Stepの大まかな内容を把握して下さい。各Stepのさらに詳しい実施方法については，第2部で説明をします。

　結局，この10のStepを1つずつ確実に行うことが，図2に示した五角形の授業改善の流れを実現することになります。ただし，この4つのPhaseと10のStepは，単にアクション・リサーチの基本的な流れを示しているだけであって，実際にアクション・リサーチを実践する場合には，時には，PhaseまたはStepどうしが重なりあったり，順番が逆になったり，さらには，各PhaseやStepの間を行き来したりすることもあります。ですから，この実施手順を基に，実施状況に応じて柔軟にリサーチを進めていくことが大切です。

疑問9　従来の授業実践研究とアクション・リサーチとの違いは何ですか？

　毎年開催される各種学会，研究会，研修会においては，ビデオを使った公開授業と討議，新しい指導法の紹介とその実践報告など，効果的な英語指導法を求めて授業実践に関する多くの研究成果が報告されています。

　しかし，これまで行われてきた多くの授業実践研究では，長期的な視点があまり重要視されてこなかったように思われます。例えば，公開授業研究といっても，単に公開日当日の1回分だけの授業を紹介するだけで，その内容についての討議は短時間で済まされ，なかなか議論を深めることができません。公開授業当日までの指導がどのように行われたのか，また，公開された授業は，半年あるいは1年間という長期的な指導の流れの中でどのような位置づけになっているのか，あるいは，今後どのようにその授業が展開されていくのかなどについては，授業者も参観者もあまり関心を向けてこなかったように思われます。このように，せいぜい多くても数回分の授業が研究対象となっている実践研究では，短期的・単発的な指導の効果や問題点は確認できるとしても，継続的にその授業を改善していくことにはつながりにくいものです。

　一方，アクション・リサーチでは，これまで説明してきたように，継続的・体系的に授業を観察・分析し，繰り返しその指導の改善を図っていくことを目指します。ですから，長期的な展望を持って，リサーチが実践され，1サイクルの終了時に得られたリサーチの成果が次のサイクルで活用され，さらなる授業改善へと発展させることができます。このように，小さな改善を少しずつ積み重ねていくことこそが，

〈表1〉 アクション・リサーチの実施手順

Phase Ⅰ：Focus	
Step 1 現状把握	リサーチ開始時点でのクラスあるいは生徒の状況をできるだけ正確に，そして深く把握するよう努めます。そのために，クラス全体の雰囲気，様子，授業内の各活動に対する生徒の参加度など，自分の授業について気づいた点，感想，疑問などをJournalの記録として書き記し，それを一定期間継続します。そして，Journalの記録を基に，授業における疑問点や問題点を発見・整理します。
Step 2 テーマの明確化	発見された授業における疑問点や問題点の中から最重要課題を1つだけ選び出し，リサーチ・テーマとResearch Questionを設定します。ここで最も重要なことは，リサーチの方向性を確定することです。
Step 3 予備調査	リサーチの方向性を確定できたら，Journalの記録以外のさまざまな調査方法（例えば，英語の試験・小テスト，アンケート調査，インタビュー調査など）も積極的に活用して，生徒の英語力，興味・関心，授業の満足度などを調査し，その結果をまとめます。
Step 4 トピックの絞り込み	予備調査の結果を踏まえて，リサーチ・テーマをさらに具体的に絞り込み，1つの明確なリサーチ・トピックを設定します。この時点で，リサーチ・トピックは，十分に具体化されていなければなりません。
Phase Ⅱ：Hypothesis	
Step 5 仮説設定	生徒の現在地を踏まえて，到達可能な目標を設定し，その目標達成のために効果的な改善策を探し出し，仮説にまとめます。仮説の数は，多く設定せず実施可能な範囲にします。
Phase Ⅲ：Action	
Step 6 計画	Step 5で設定された仮説に基づいて，効果的な改善策となる新たな指導実践に関する実施計画を立案します。あまり無理をせず実施可能な計画を立てるよう注意します。特に教師の観点からだけでなく生徒の観点からも実施可能な計画かどうかを十分に検討します。
Step 7 実践	Step 6で立案された実施計画に基づいて，新たな指導実践を試みます。また，同時に，主に授業観察や生徒へのインタビューなどによって，新たな指導実践に対する生徒の反応・様子を探ります。
Phase Ⅳ：Reflection	
Step 8 検証	仮説を検証するために必要な調査の実施計画を立案し，その計画に従って各種調査を実施します。そして，その結果をまとめて，仮説を検証します。
Step 9 内省 (Step 5へ)	仮説の検証結果を踏まえて，試みた指導実践に対する内省を深め，その成果を総合的に評価します。内省によって，さらに改善を要する点が見つかった場合には，再びStep 5仮説設定へ戻り，新たなリサーチ・サイクルを開始することもあります。
Step 10 発表 (Step 5へ)	リサーチの経過と結果をまとめて発表し，他の教員・研究者からの意見・アドバイスを得て，実践したリサーチに対する内省をさらに深めます。その結果，再びStep 5仮説設定へ戻り，新たなリサーチ・サイクルを開始することもあります。

理想的な授業を実現するためには欠かせません。

　つまり，アクション・リサーチは，長期的な視点を持って授業改善を図るという点で，これまでの多くの授業実践研究とは異なります。それは，授業がある限り続く終わりのない授業研究とも言えるのです。

> **疑問10　質的データを収集・分析する場合には，どのような点に注意をすればよいのですか？**

　すでに説明したように，アクション・リサーチでは，授業改善を図るために，量的データだけではなく，質的データをも積極的に活用します。しかし，質的データでは，量的データに比べ，客観性を確保することが難しくなります。例えば，アクション・リサーチでは，リサーチ実践者となる教員の視点からデータを収集・分析することが多くなるため，教員の視点からでは捉えにくい事柄は，どうしてもデータに反映されにくくなってしまいます。このようなことを避けるために，質的データを収集・分析するためには，「トライアンギュレーション（triangulation）」という考えに基づく工夫が必要です。もともとトライアンギュレーションとは三角測量を意味し，観測された2地点から他のある地点の標高や距離を三角法を使って求めることです。これを応用すると，質的データを活用してある1つの事象を観察・分析する場合には，複数の観点からデータを収集・分析し，その結果を総合してできるだけ客観的に対象となる事柄を把握するよう心がける必要があると言えます。横溝（2000: 177）は，トライアンギュレーションとは，「研究の視点を増やすことであり，研究対象をさまざまな角度から検証することで研究自体の客観性を高める試みである」と，とてもわかりやすく説明をしています。

　このように，質的データを活用する際には，トライアンギュレーションの考えに基づいて，できるだけ客観的にデータを収集・分析するよう工夫をする必要があります。

2. 理論から実践へ

　以上，アクション・リサーチに関する10の疑問を取り上げ，できるだけわかりやすくその説明をしました。これらの説明を読むことによって，アクション・リサーチの定義，目的，特徴，プロセスなど，その全体像を把握するとともに，それを活用した授業改善の流れについても理解を深めることができたと思います。

　早速，アクション・リサーチの実践を開始し，自分の授業を改善していこうと固く決心した人も少なくないでしょう。一方，アクション・リサーチには，大変長く複雑なプロセスが必要とされることがわかり，その実践に不安や抵抗を感じた人もいるかもしれません。しかし，前にも説明した通り，アクション・リサーチは，教員と生徒が中心になって，自分たちの授業を改善していくために行われるものです。教員が，自分の置かれている教育現場の状況に応じて，実施できる範囲内でリサーチを進め，自分の授業における問題点を発見し，その改善方法を探し続けることが何よりも大切です。きっと，アクション・リサーチは，自分の授業を改善したいという熱い思いを持つ教員の強い味方となり，理想的な授業への長い道のりをやさしく案内してくれるに違いありません。是非とも本書を参考にアクション・リサーチの実践への第一歩を踏み出してほしいと思います。

　続いて，第2部では，実践編として，アクション・リサーチの具体的な実践方法を説明します。

第2部 アクション・リサーチを実践しよう！

　第1部では，アクション・リサーチとはどのような研究手法なのかを説明し，それを活用した授業改善の流れを理解していただきました。

　ところが，いざアクション・リサーチを始めるとなると，一体何をどうすればよいのか，その具体的な実践方法がよくわからないという人が多いことと思います。そこで，第2部では，実践編として，アクション・リサーチの実践に伴う複雑さや難解さを何とか軽減し，英語教員が，現場の状況に合わせてアクション・リサーチを円滑に開始・継続し，自分の授業を改善できるよう，さらに具体的にその実践方法を説明していきます。その際，理解の手助けとなるよう，中学校英語教員が初めてアクション・リサーチを実践する場合を想定し，その1サイクルのはじめから終わりまでをリサーチ実践例として紹介します。

　この実践例は，新潟県上越市で公立中学校英語教員を対象に実施された授業力向上研修において，実際に初めてアクション・リサーチを実践した鴨井淳一先生の取り組みを基に作成したものです。さらに，高校，大学におけるリサーチ実践例の概要も1つずつ資料として紹介しています。なお，これらのリサーチ実践例では，アクション・リサーチの実践方法を理解しやすくするため，実際のものとは一部異なる部分があることをお断りしておきます。

　ここからは，読者のみなさんが，実際に自分の担当授業を対象にアクション・リサーチを実践するつもりで読み進められるよう，さまざまなワークシート（全18種類）を用意しています。ですから，それらのワークシートを十分に活用して，自分の授業を見つめ直しながら，アクション・リサーチの実践方法を理解するとともに，自分自身のリサーチを計画・実践して下さい。さらに，ここに掲載されているワークシート類は，すべて「アクション・リサーチの会＠近畿」のウェブページから入手できるようになっていますので，そちらもあわせて活用して下さい（詳しくはviiiページを参照）。

第1章　事前準備

1. Step 0　準備

> ❦活動内容
> （1）リサーチ対象クラスを決定する
> （2）リサーチ・スケジュールを決定する
> （3）リサーチの実践開始を生徒に伝える

　本格的にアクション・リサーチの実践を開始する前に，Step 0 として，必要な準備をしておきましょう。

1.1.　リサーチ対象クラスの決定

　まずはじめに，リサーチ対象クラスを決定します。
　多くの英語教員は，学校種を問わず，複数の科目，複数のクラスを同時に担当していることでしょう。そのすべての担当クラスにおいて，アクション・リサーチを同時に実践し，授業改善を図っていくことが最も望ましいことは言うまでもありません。しかし，実際に全担当クラスを対象にアクション・リサーチを実践するとなると，授業の目標や内容あるいはクラスの特徴などの違いから，同時に複数の異なるリサーチ・テーマを扱わなければならなくなってしまい，それだけリサーチの実践が難しく，教員の負担も大きくなってしまいます。特に，初めてアクション・リサーチを実践する場合には，設定したリサーチ・テーマに関する研究を進めるだけではなく，アクション・リサーチの実践方法そのものに対する理解も深めていかなければならず，その負担の重さから，途中でリサーチの継続を断念しなければならなくなってしまう恐れがあります。そこで，アクション・リサーチの実践方法に慣れるまでは，リサーチの対象クラスを1クラスに絞り込むとよいでしょう。まずは，クラスサイズ，学習に対する生徒の態度・姿勢，教員と生徒との信頼関係の強さ，リサーチ・テーマの扱いやすさなどの諸条件を考慮して，教員が最もアクション・

リサーチを実施しやすいと思うクラスを1つだけ選び出し，そのクラスをリサーチの対象クラスとするとよいでしょう。もちろん，アクション・リサーチの実践方法に慣れてきた段階で，次第に対象クラスを増やしていくとよいでしょう。

　それでは，アクション・リサーチの対象クラスを決定し，**ワークシート1**に記入して下さい。

◆ワークシート1　リサーチ対象クラス

1. 対象クラス	学年：　　　　　　　　クラス：
2. 生徒数	男子：　　名，女子：　　名，合計：　　名
3. 科目名	
4. 使用教材	

<記入例は p.23 参照>

1.2. リサーチ・スケジュールの決定

　次に，リサーチの開始から終了までの大まかなスケジュールを決定します。

　通常，日本では，1つの授業の担当期間は半年あるいは1年となっていることが多く，また，学校種にかかわらず，大半の学校が，1学年を2学期または3学期に区分して授業を実施しています。そこで，アクション・リサーチの実践方法に慣れるまでは，2学期制，3学期制のどちらにしても，各学期にリサーチの1サイクルを終了させることを目安にするとよいでしょう。

　例えば，2学期制前期にリサーチを実践する場合には，表2（次ページ）のようなスケジュールが考えられます。この表には，各Stepの終了時期が示されています。つまり，4月中旬頃までにStep 1を行い，その後Step 2からStep 4を表に示された各時期までに行い，5月下旬頃までにはStep 5の仮説を設定し，6月上旬頃までにはStep 6の実践計画を立案し，6月上旬から7月中旬にかけてStep 7の新たな指導実践を試み，その後，次のリサーチ・サイクル開始前までにStep 8からStep 10の効果の検証，内省，発表を行います。

1. Step 0 準備

　さらに，引き続き，後期にも同一クラスを対象に同様のリサーチ・テーマやトピックでリサーチの実践を継続するのであれば，前期に実践したリサーチの成果を活用することができますので，Step 5の仮説設定から新たなリサーチ・サイクルを開始することができるでしょう。

　ただし，これはあくまでも目安ですので，自分のリサーチ実施状況に応じてスケジュールを調整して下さい。特に，初めてアクション・リサーチを実践する場合には，時間的に余裕を持って無理のないスケジュールを設定し，まずはリサーチの実践方法に慣れることが大切です。

〈表2〉 アクション・リサーチ・スケジュール（2学期制前期の場合）

Step	終了時期	Step	終了時期
1. 現状把握	4月中旬	6. 計画	6月上旬
2. テーマの明確化	4月下旬	7. 実践	7月中旬
3. 予備調査	5月上旬	8. 検証	7月中旬以降，次のリサーチ・サイクル開始前まで
4. トピックの絞り込み	5月中旬	9. 内省	
5. 仮説設定	5月下旬	10. 発表	

1.3. スケジュール決定の注意点

　アクション・リサーチのスケジュールを決定する際には，Step 7において，新たな指導実践を実行する期間を一定期間確保するよう注意しなければなりません。それは，新たな指導実践の実行期間が短すぎてはその効果を正確に検証することができませんし，逆に，長すぎてもその指導における問題点の発見とさらなる改善策の実施が遅れてしまうことになるからです。

　それでは，新たな指導実践を実行する期間は，どの程度確保すればよいのでしょうか。

　佐野（2000: 59）は，「指導の効果を判定する時期は，仮説の性質によって異なるが，最低でも6～10時間の試行が必要だろう」と述べています。確かに，仮説の内容によっても異なりますが，少なくとも授業6回分程度の指導を行えば，それによる生徒や教員の変化を確認しやすくなると思います。ですから，Step 7の新たな指導実践の実行期間は，最低授業6回分を目安とすると言ってもよいでしょう。ただし，授業6回分というと，週1回行われる授業では約1ヶ月半，週2回行われる授業で

も約3週間が必要になりますので，必ずしもこの授業時間を確保できるとは限りません。ですから，この目安を参考に，全体的なリサーチの実践期間を踏まえて各教員がその実践期間を柔軟に決定するとよいでしょう。

また，アクション・リサーチの1サイクルを短期間で終了しようとする場合には，その分だけその実施手順を効率よく行わなければならなくなります。例えば，次に続くStepの活動についてある程度見通しを立てながら，現在のStepの活動を行ったり，現在のStepと次に続くStepでの活動を同時に行ったりするなどの工夫が必要になります。ですから，短期間でアクション・リサーチを実践するためには，教員にリサーチ実践方法への慣れが求められると言えます。

繰り返しになりますが，アクション・リサーチのスケジュールを設定する場合に最も大切なことは，リサーチを実践する教員にとって，それからリサーチ対象クラスの生徒にとっても無理のない実施可能なスケジュールを設定することです。特に，初めてアクション・リサーチを実践する場合には，円滑にリサーチを進めることはなかなか難しいものですので，無理をせずリサーチの実践を継続できるよう余裕のあるスケジュールを設定して下さい。

それでは，**ワークシート2**を活用して，各Stepの終了期限を考え，リサーチ・スケジュールを決定して下さい。

◆ワークシート2　アクション・リサーチ・スケジュール

Step	終了時期	Step	終了時期
1. 現状把握		6. 計画	
2. テーマの明確化		7. 実践	
3. 予備調査		8. 検証	
4. トピックの絞り込み		9. 内省	
5. 仮説設定		10. 発表	

＜記入例はp.24参照＞

1. Step 0 準備

1.4. リサーチの開始宣言

　アクション・リサーチは，教員が中心になって生徒の協力を得ながら実践するからこそ，効果的に授業改善を図ることができます。つまり，その成功には生徒の協力が不可欠です。したがって，アクション・リサーチの実践を開始する際には，教員からリサーチ対象クラスの生徒に対して，アクション・リサーチの実践を開始することを伝え，生徒からの協力を求めることが大切です。よりよい授業の実現を望んでいるのは，教員も生徒も同じはずです。それに必要な協力を教員の方から生徒に対して求めることによって，これまで単に教員の計画する授業に受動的に参加するだけであった生徒に，より積極的に授業作りにも関わっていこうとする意識を芽生えさせることができるでしょう。

　このように，アクション・リサーチの開始にあたっては，教員と生徒の両者で，授業改善という共通の目標を目指して互いに協力していくことを確認するという手順を踏むことが，アクション・リサーチを円滑に進め，その効果を高めることにもつながります。

　それでは，**ワークシート３**を活用して，アクション・リサーチ開始にあたっての生徒へのメッセージを，目の前に生徒がいる状況を思い浮かべながら事前にまとめてみましょう。そして，アクション・リサーチの実践を開始する初回の授業で，このメモを参考に，アクション・リサーチの実践に対する教員の熱い思いを生徒に伝えて下さい。

◆ワークシート３　リサーチ開始時の生徒へのメッセージ

<記入例は p.25 参照>

● 実践例 ●　　　　　　　　　　　　　　　　　　　　　　Step 0

① リサーチ対象クラスの決定

　私は，新年度が始まる直前の4月初めに参加した教員研修において，授業改善を図るために担当授業を対象にアクション・リサーチの実践を試みることになった。これまでにアクション・リサーチという言葉を耳にしたことはあったが，自分で実践した経験は全くなかった。最後までやり遂げることができるかとても心配だったが，他の先生の力も借りながら挑戦してみようと思った。

　まず，自分の担当授業の中からどのクラスをリサーチ対象クラスにするかを考え，中学3年7・8組（発展クラス）をリサーチ対象クラスに決定した。本校の英語授業では，通常の2クラスを英語の習熟度によって普通クラスと発展クラスの2クラスに分けて授業を実施しており，このクラスは合計24名（男子11名，女子13名）の発展クラスである。詳しくは**ワークシート1（例）**に示す通りである。このクラスを選択した最大の理由は，大変意欲的な生徒が多く，生徒が身につけた英語の基礎力をさらに伸ばし，自分の意見や考えを積極的に英語で表現できるようにするためにはどのような指導が必要なのかを探りたいと思ったからである。

【ワークシート1（例）】　リサーチ対象クラス

1. 対象クラス	学年：　中学3年　　　　　　クラス：　7・8組（発展クラス）
2. 生徒数	男子：　11名，女子：　13名，合計：　24名
3. 科目名	英　語
4. 使用教材	*NEW HORIZON English Course 3*　（東京書籍）

② リサーチ・スケジュールの決定

　リサーチ対象クラスを決定した後，早速1学期の授業でアクション・リサーチを実践できるよう，ワークシート2を活用してリサーチ・スケジュールを考えてみた。設定したリサーチ・スケジュールは，**ワークシート2（例）**の通りである。スケジュール設定後，再度その内容を見直してみても，比較的余裕のあるスケジュールになっていることが確認できたので，初めてのリサーチ実践であっても無理なく進めていくことができると思い，最終的にこのスケジュールに従ってリサーチの実践に挑戦してみることにした。

③ リサーチの開始宣言

　このようにリサーチ・スケジュールを設定した後，初回の授業に備えて，リサーチの開始時に生徒達に伝えておきたいメッセージを事前にまとめてみることにした。はじめのうちは，アクション・リサーチの実践について生徒達にどう説明したらよいのか悩んだが，生徒の英語力を効果的に伸ばせるような授業作りをしていきたいという自分の素直な気持ちを伝えればよいことに気づき，**ワークシート3（例）**のようなメッセージを作ることができた。実際の授業では，このメモを参考に生徒達に話をしてみた。すると，熱心に話を聞いてもらうことができ，満足のいくスタートがきれたように感じた。

　こうしてアクション・リサーチの準備がすべて整い，実際に順調にリサーチを開始することができた。

【ワークシート2（例）】　アクション・リサーチ・スケジュール

Step	終了時期	Step	終了時期
1. 現状把握	4/30	6. 計画	6/4
2. テーマの明確化	5/7	7. 実践	7/9
3. 予備調査	5/14	8. 検証	7/9以降 2学期の授業開始前まで
4. トピックの絞り込み	5/21	9. 内省	
5. 仮説設定	5/28	10. 発表	

【ワークシート３（例）】　リサーチ開始時の生徒へのメッセージ

　先生は，みんなの英語力をさらに伸ばすことができるように，この授業をより良くしていきたいと思います。そのために，アクション・リサーチという研究手法を使って，授業を改善していきます。みんなにとって，少しでもよい授業になるように頑張りたいと思いますので，みんなも協力をお願いします。

　ただ，だからといって，みんなに特別なことをしてほしいというわけではありませんので，安心してください。一生懸命に授業を受けてもらって，みんなの感想，意見，希望などがあったら，それを聞かせてもらえればよいです。よろしくお願いします。

第2章　Phase I：Focus

1. 全体の流れ

　アクション・リサーチの対象クラスと大まかなリサーチ・スケジュールを決定し，生徒にリサーチの実践開始を伝えたら，いよいよ本格的なリサーチの始まりです。

　アクション・リサーチの始まりとなる Phase I では，何についてリサーチを進めていくのかというリサーチの焦点を明確にします。この Phase には4つの Step が含まれ，Step 1. 現状把握，Step 2. テーマの明確化，Step 3. 予備調査，Step 4. トピックの絞り込みです。図4は，その流れを示したものです。

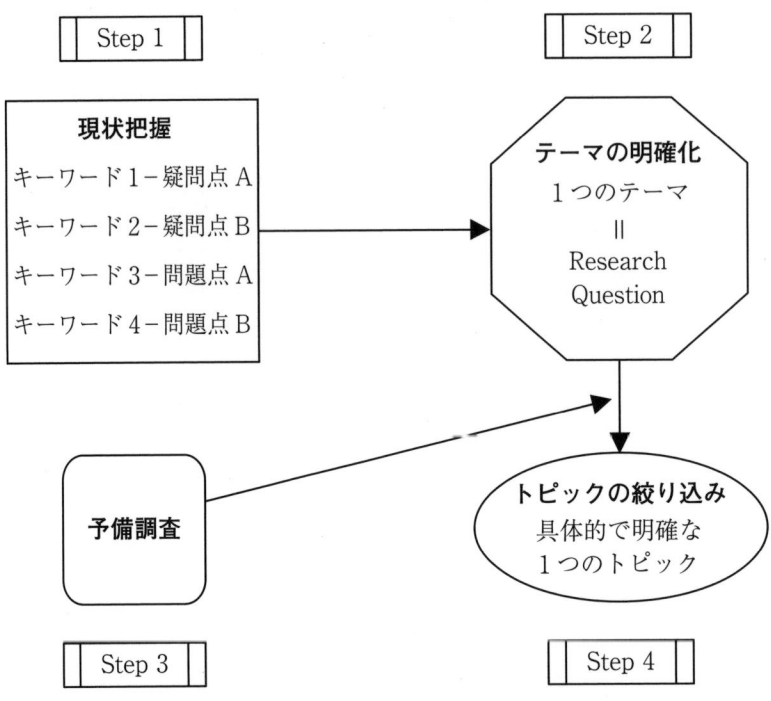

〈図4〉　Step 1 から Step 4 への流れ

はじめに，Step 1 では，一定期間 Journal（詳しくは Step 1 の説明を参照）の記録を継続し，そこに記録されたキーワードを基に自分の授業におけるさまざまな疑問点，問題点，改善すべき点などを見つけ出します。次に，Step 2 では，Step 1 で発見された授業の疑問点や問題点などの中から優先すべき最重要課題を１つだけ選び出し，リサーチ・テーマを明確にし，Research Question を設定します。続いて，Step 3 では，予備調査を実施してリサーチ・テーマに関する詳しいデータを収集・分析します。そして，Step 4 では，予備調査の結果を踏まえて，リサーチ・テーマをさらに具体的で明確な１つのリサーチ・トピックに絞り込みます。

このように，Phase I では，授業の現状を正確に把握し，そこにある疑問点や問題点などを見つけ出し，これから何に焦点を当ててリサーチに取り組んでいくのかを決定します。つまり，Phase I の最終的な目的は，具体的で明確な１つのリサーチ・トピックを設定することと言えます。それによって，Phase II 以降も円滑にリサーチを進めていくことができるようになるでしょう。

続いて，各 Step の活動内容について詳しく説明をしていきますので，それを参考に段階的にリサーチの焦点を絞り込んでいきましょう。

2. Step 1 現状把握

> **活動内容**
> （1）Journal を記録する
> （2）授業の問題点を発見・整理する

アクション・リサーチの開始時点では，リサーチ対象クラスにおける授業の現状を正確に把握することが何よりも重要です。自分の授業についてならば十分に理解できていると思う教員も多いことでしょう。しかし，そうは言っても，その現状把握がなかなか授業改善に結びつけられないということも多いのではないでしょうか。授業改善を図るためには，ただ何となくその状況を理解しているだけでは不十分です。自分の授業の中で，どのような現象が起こっており，何が生徒の学習効果を高め，何が学習の障害となっているのか，あるいはどのような問題点が存在し，その原因は何なのかなど，継続的に自分の授業を見つめ直し，客観的にそれを把握することが必要です。

そこで，Step 1 では授業の現状を把握するために，Journal の記録を実践し，その記録を基に自分の授業におけるさまざまな疑問点や問題点を見つけ出し，それらを整理します。

2. Step 1　現状把握

2.1.　Journalの記録

　Journalとは，授業中あるいは授業直後の短い時間を使って，教員が授業中のさまざまな活動に関する感想，疑問，気づいた点などを書き記した日誌のことです。Journalの記録については，こうでなければならないという難しい取り決めはありません。ですから，記憶が鮮明なうちに（授業中あるいは授業終了後のできるだけ早い時期に），自分の授業について疑問点や問題点，改善すべき点あるいは生徒の反応や様子などを思いつくままに自由に書き込んでいけばよいのです。

　早速，**ワークシート4**を印刷して授業時に教室へ持ち込み，次の要領に従って気づいた点や疑問に思った点などを自由に書き込んでみましょう。そして，その記録はファイルに綴じて保存しておいて下さい。

> ＜ワークシート4活用法＞
> (1)　授業前に，1～5と6（評価は除く）を記入しておきます。
> (2)　6の評価は，授業中に教員が各活動における生徒の反応を観察し，その活動状況を「A（よかった）」「B（ふつう）」「C（よくなかった）」の3段階で総合的に評価し記入します。
> (3)　7は，授業中あるいは授業後のできるだけ早い時期に，簡潔にしかもできるだけ具体的に，実践した指導について感想・反省あるいは新しい発見・問題点・疑問点などを記入します。
> (4)　8は，今後の指導の改善につながるアイデアなどがあれば記入します。
> (5)　9は，必要に応じて授業の進度状況や宿題などを記入します。

2.2.　Journalの記録方法の注意点

　Journalを記録する目的は，教員が自分の授業の中で起こっていることを正確に把握することです。ですから，ワークシート4の様式は，単にその一例であって必ずしもすべての項目を記入する必要はありません。記録する項目・内容は，各教員が必要に応じて選択すればよいでしょう。むしろ，はじめはワークシート4の様式を気にせず，30ページの「記録例」のように，単に白紙の紙を1枚用意し，授業直後のできるだけ早いうちに授業実施日とクラス名を記入し，自分の授業を振り返り，感想や気づいた点を1～2点記録しておくだけでもよいかもしれません。繰り返しになりますが，最も大切なことは，Journalの記録を通して自分の授業に対する理解を深めることです。

　また，授業中に起こった出来事や気づいた点をすべて記入する必要もありませ

◆ワークシート4　Journal

1	授業日時・クラス	月　　　日（　　）（　　：　　）〜（　　：　　） 学年：　　　　　　　　　クラス：		
2	授業の目標			
3	教材（ページ）			
4	題材			
5	言語材料			
6	授業計画と評価	＊評価　A（よかった），B（ふつう），C（よくなかった）		
		指　導　手　順	活　動　内　容	時間配分	評価＊
7	感想・反省			
8	改善のヒント			
9	メモ			

＜記入例は p.33 参照＞

ん。はじめは，特に焦点を絞らず自分の授業における生徒の様子などを自由に観察し，気づいた点の中でも特に重要だと思う点をいくつか選んで記録するとよいでしょう。Journal の記録を継続していくうちに，次第に観察の焦点が絞り込まれ，記録すべき事柄も明確になってくるはずです。ただし，リサーチの開始時点においてすでにリサーチ・テーマが明確になっている場合には，はじめからそのテーマに焦点を絞って，授業の状況や生徒の反応・様子などを観察・記録することもできます。このように，自分のリサーチ進行状況に応じて，Journal の記録内容や方法を柔軟に変えるとよいでしょう。

さらに，一度に記録する量としては必ずしも多い方がよいとは限りません。リサーチの開始時点ではリサーチ・テーマが絞り込まれていないため，毎回記入される内容に関連性がなく記入量も多くなることでしょう。しかし，リサーチの焦点が絞り込まれていくにつれて観察する対象が限定され，毎回の記入内容にも関連性が強くなり，要点を押さえて簡潔に記入できるようになるはずです。

このように，Journal の記録に関しては，これまでの説明を参考に長期間にわたって継続して記録ができるよう，自分に最も適した実践方法を見つけ出すようにして下さい。

● Journal の記録例

```
月　日： 4月28日（火）9：40 ～ 10：30
科　目： 英語
クラス： 中学3年7・8組発展クラス
感　想：
　生徒たちは，ライティングの課題に静かに集中して取り組んでいた。また，言いたいことが表現できない場合にも，すぐにあきらめてしまう生徒はおらず，何とか書こうと努力する姿勢がみられた。
```

2.3. 問題点の発見と整理

Journal の記録では，自分の授業について感じたことや気づいたことを記入しますので，それ自体が自分の授業を見つめ直すことにつながります。ですから，これまで説明してきた方法に従って一定期間 Journal を記録するだけでも，自分の授業の疑問点，問題点，改善すべき点などについて多くのことを発見できるに違いありません。しかし，今後どのような点に焦点を絞ってリサーチを進めていけばよいのかを明確にするためには，単に授業の疑問点や問題点を発見するだけにとどまらず，それらを整理して把握することが必要です。

そのためには，一定期間（約2～3週間）Journal の記録を継続した後で，記録

されたすべての内容を丁寧に読み返すとよいでしょう。そして，その中に含まれるキーワードを抽出し，そのキーワードを基に，授業の疑問点や問題点を探り，それらを整理します。例えば，自分の記録した Journal の中には，Listening, Reading, Speaking, Writing, 音読, Oral Introduction, コミュニケーション活動, 文法説明, 生徒の授業への参加度, 予習や宿題の実施状況など, 幅広い分野にわたるたくさんのキーワードが含まれているでしょう。このようなキーワードを見つけ出し，それらを内容に基づいて分類することによって，自分の授業における疑問点, 問題点, 改善すべき点などを整理することができます。

それでは，**ワークシート5**を活用しながら，次の手順に従って問題点の発見と整理をしてみましょう。

<ワークシート5活用法>
(1) Journal の記録をすべて丁寧に読み返します。
(2) Journal の記録の中から，すべてのキーワードを抽出します。
(3) 抽出されたキーワードを，その内容に従っていくつかのグループに分類します。
(4) 分類されたキーワードと関連する授業の疑問点, 問題点, 改善すべき点などを明らかにし，記入します。

◆ワークシート5　問題点の発見と整理

キーワード		
	キーワード	授業の疑問点, 問題点, 改善すべき点など
グループ　1		
グループ　2		
グループ　3		
グループ　4		

<記入例は p.34 参照>

2.4. Journalの記録の継続と公表

　だいたい授業4～5回分についてJournalの記録を継続すれば，自分の授業における疑問点や問題点を探し出すことができるでしょう。そして，それができれば，リサーチ開始時点における授業の現状把握という目的は達成されます。しかし，教員にとって自分の授業を見つめ直し，その実態を把握することが大切なのは，リサーチの開始時点だけに限ったことではありません。Journalを記録することによって，教員は，自分の授業をより注意深く観察し，授業の変化の様子をより正確に捉えることができます。また，その記録を読み返すことによって，新たな問題点を発見したり，その原因を明らかにしたり，効果的な改善策を見つけ出したり，生徒の成長を確認することもできます。ですから，リサーチ開始時点での授業の現状把握ができたからといって，この段階でJournalの記録をやめてしまうのではなく，アクション・リサーチの全実践期間を通してそれを継続して下さい。

　また，Journalは，その内容を公表し他の人（例えば同僚や共同研究者など）に読まれることを前提としている点で，単なる個人的な記録としてのDiaryとは区別されることがあります。しかし，ここではその区別はあまり重要視しなくてよいでしょう。それは，Journal，Diaryのどちらにしても，記入に際しては，授業の実態を把握するために役立つようできるだけ具体的に正直な感想や考えをありのままに記録するよう心がけることが大切ですし，その内容が他人の目に触れる際には，特に個人情報の保護という観点から，その中に公表できないあるいはしたくない内容や情報が含まれていないかを慎重に検討し，十分注意して取り扱わなければならないのは当然のことだからです。つまり，Journalの記録については，教員が気づいたことや感じたことを自由に記入し，その内容を公表する場合には，改めて内容を吟味した上で公表できる部分についてのみ，あるいは公表できる形に一部修正を加えて公表するようにすればよいでしょう。

2.5. Step 1 から Step 2 へ

　Step 1 では，一定期間Journalを記録し，その記録を基に自分の授業における疑問点，問題点，改善すべき点などを発見・整理しました。次に，Step 2 テーマの明確化という段階へ進み，発見された疑問点あるいは問題点の中から，教員や生徒にとってまず解決されるべき最も重要な課題は何かを考え，リサーチ・テーマを明確にしていきます。

● 実践例 ●　　　　　　　　　　　　　　　　　　　　　　　　　　**Step 1**

① Journal の記録

　初回の授業で，生徒達にアクション・リサーチの開始を伝え，いよいよリサーチの実践が始まった。まずは，ワークシート 4 を印刷して教室に持ち込み，毎回自分の授業について Journal の記録を行った。その一例を示すと，**ワークシート 4（例）**の通りである。やはり，Journal を記録することによって，生徒の反応を丁寧に観察するようになり，以前に比べて生徒のことをより深く理解できるようになってきたように感じた。

【ワークシート 4（例）】　Journal

1	授業日時・クラス	4 月 30 日（木）　（9：40）～（10：30） 学年：中学 3 年　　　クラス：7・8 組発展クラス
2	授業の目標	本文の題材である津軽三味線に関する理解と関心をもたせるとともに，現在完了形（継続用法，平叙文）の形・意味・用法を理解させる。
3	教材（ページ）	*NEW HORIZON English Course 3* Unit 2　Starting Out（p. 12）
4	題材	弘前の三味線コンサートに関するレポート
5	言語材料	現在完了形（継続用法，平叙文）
6	授業計画と評価	＊評価　A（よかった），B（ふつう），C（よくなかった）

指　導　手　順	活　動　内　容	時間配分	評価＊
導入	津軽三味線に関する Oral Interaction	6 分	A
	新出語句・表現の確認	5 分	B
展開 1	現在完了形の導入・文型練習	10 分	B
展開 2	本文の黙読	3 分	B
	本文の内容に関する Q&A	13 分	B
	本文の音読	5 分	A
まとめ	黒板に書かれた内容をノートに写す	6 分	B
	宿題の指示	2 分	B

2. Step 1 現状把握

7	感想・反省
	現在完了形の継続用法を導入したが，生徒にとっては難しく理解しにくかったようである。次回以降も機会を見つけて，できるだけ頻繁に復習を行った方がよい。
8	改善のヒント
	次の授業の開始時に，現在完了形に関する復習の時間を少し長めにとるとよい。
9	メモ
	宿題：各自で本文の音読を3回ずつ行ってくる。

② 問題点の発見と整理

　しばらくの間，順調に Journal の記録を継続し，約2週間分の授業に関する記録を終えたところで，すべての記録を読み返してみた。すると，**ワークシート5（例）**の通り，(1) ライティング，(2) 音読，(3) スピーキング，(4) 語彙力というように，自分の授業における問題点を4つに整理して理解することができた。リサーチの開始時にはあまりはっきりしていなかった自分の授業の問題点が少し明確になり，リサーチの実践が面白くなってくると同時に難しくもなってきたように感じた。そこで，Step 2 へ進み，リサーチ・テーマを明確にしてみることにした。

【ワークシート5（例）】問題点の発見と整理

キーワード	英作文，表現力，語順，音読，発音，リズム，スピーキング活動，語彙力	
	キーワード	授業の疑問点，問題点，改善すべき点など
グループ 1 ライティング	英作文，表現力，語順	自分の意見や考えを英語で書いて表現する活動を行うと，短い英文は正しい語順で正確に書ける生徒が多い。しかし，1文を書くだけで終わりにしてしまう生徒も多い。まだ話の流れを考えながら自分の言いたいことを英語で書いて表現することに慣れていないようである。
グループ 2 音読	音読，発音，リズム	大きな声で音読練習をする生徒が多い。しかし，英語らしい発音やリズムについてはまだ練習が不足しているようである。
グループ 3 スピーキング	スピーキング活動，表現力	定型表現はほとんど問題なく使えるが，自分の考えや意見を英語で話す活動では，適切な表現が見つからずに途中で詰まってしまうことがある。

グループ 4 語彙力	語彙力	基本的な語彙力は身についてきているが，まだ十分とは言えない。引き続き語彙力を増強する必要がある。

● 成功の秘訣 1 ○

　Journal の記録を継続することによって，それまで気づかなかった自分の授業における疑問点や問題点が次第に明らかになってきます。そして，それと同時に，教員にはすぐにそれらの疑問点や問題点を解決しなければならないという使命感・責任感が沸いてくることでしょう。しかし，だからといって，リサーチの方向性を明確にしていない段階で，ただやみくもに解決策だけを求めて先を急いでも，決して大きな成果は期待できません。やはり，授業改善を図るためには，リサーチの焦点を具体的に絞り込み，クラスの状況を十分に踏まえた上で対象クラスに合った最も効果的な改善策を探し出していくことが必要です。ここでは，焦る気持ちを抑えて，アクション・リサーチの実施手順に従って十分にリサーチの焦点を絞り込むことに専念しましょう。

3.　Step 2　テーマの明確化

> 🍀活動内容
> （1）授業の最重要課題を選択・決定する
> （2）最重要課題と関連するリサーチ・テーマを明確にする
> （3）Research Question を設定する

　一定期間記録された Journal を読み返すことによって，自分の授業の実態をより客観的にそして正確に把握でき，ワークシート 5 には授業における疑問点や問題点が，キーワードとともに整理されていることでしょう。しかし，疑問点や問題点などを発見できたからといって，すぐに効果的な改善策を導き出し，それを解決できるというわけではありません。また，複数の問題点が発見された場合には，そのすべてを一度に解決することも難しいでしょう。

　そこで，Step 2 では，発見された授業の疑問点や問題点の中から優先すべき最重要課題を 1 つだけ選び出し，それと関連するリサーチ・テーマを決定し，それを基に Research Question を設定します。

　このように，Step 2 では，今後授業におけるどの問題点に焦点をあててリサーチを進めていくのかを決定し，リサーチの方向性を明らかにします。

3.1. リサーチ・テーマとリサーチ・トピックの違い

　前にも説明した通り，Phase I では，Journal の記録を通じて発見された授業の疑問点や問題点を手がかりにリサーチ・テーマを明確にし，さらにはリサーチ・トピックを絞り込むというように，段階的にリサーチの焦点を絞り込んでいきます。
　そのためには，まずリサーチ・テーマとリサーチ・トピックの違いを理解しておく必要があるでしょう。Step 2 でリサーチ・テーマを明確にするということは，Journal の記録を基に発見された授業における疑問点や問題点の中から最重要課題を 1 つだけ選択・決定し，どのような分野についてリサーチを進めていくのかという大まかな研究対象分野を決定することを意味します。例えば，次のようなリサーチ・テーマが考えられます。

　○リサーチ・テーマ 1
　　基礎的な英語力の不足している生徒が，積極的に授業に参加し楽しめることができるようにするためには，どのような授業を実践していったらよいか。

　○リサーチ・テーマ 2
　　英語に対する苦手意識が強い生徒が，自分の気持ちや考えを英語で話して伝えることができるようになるためには，どのような指導が必要か。

　このように，リサーチ・テーマを明確にすることによって，「生徒が積極的に参加できる楽しい授業」「自分の気持ちや考えを英語で話して伝える指導」など，リサーチで扱う大まかな研究対象分野を明らかにすることができます。
　ただし，このようなリサーチ・テーマだけでは曖昧な点が多く含まれていて，リサーチの焦点が十分に絞り込まれているとは言えません。例えば，上記のリサーチ・テーマ 2 では「自分の気持ちや考えを英語で話して伝える指導」と言っても，実際にどのような指導の内容や方法を扱っていくのかが明確ではありません。
　そこで，Step 3 では予備調査を実施し，Step 4 ではその結果を踏まえてより具体性のあるリサーチ・トピックを絞り込みます。
　表 3 には，上にあげたリサーチ・テーマと対応するリサーチ・トピックを示してあります。この例のようにリサーチ・トピックを絞り込むことによって，「コミュニケーション活動」「音読指導」など，授業の中に新たに取り入れていこうとする指導の内容や方法をより具体的に捉えることができるようになるでしょう。
　このように Phase I では，まずリサーチ・テーマとして大まかな研究対象分野を決定し，さらにそれをより具体的なリサーチ・トピックへと絞り込むというように，2 段階に分けてリサーチの焦点を絞り込んでいきます。ですから，最終的に Step 4

〈表3〉 リサーチ・テーマとリサーチ・トピック

	リサーチ・テーマ	リサーチ・トピック
1	基礎的な英語力の不足している生徒が，積極的に授業に参加し楽しむことができるようにするためには，どのような授業を実践していったらよいか。	音声英語にあまり慣れていない生徒が，さまざまなコミュニケーション活動を積極的に行い，授業を楽しめるようになるためには，どのような指導が必要か。
2	英語に対する苦手意識が強い生徒が，自分の気持ちや考えを英語で話して伝えることができるようになるためには，どのような指導が必要か。	英語に対する苦手意識が強く，音読の声が小さい生徒が，英語の発音・リズム・イントネーションを意識しながら英文を音読できるようになるためには，どのような指導が必要か。

で絞り込むリサーチ・トピックは，リサーチ・テーマとは異なり十分に具体的な内容にすることが大切です。

3.2. リサーチ・テーマの明確化

　Step 2 では，Step 4 の前段階としてリサーチ・テーマを明確にしますが，その際に大切なことは，アクション・リサーチにふさわしいテーマを選択することです。言い換えれば，それは授業改善に結びつきやすいテーマを選ぶということです。いくら苦労をしてリサーチを実践しても，その成果を自分の授業に反映させることができなければ，アクション・リサーチの目的である授業改善を実現することはできません。

　そこで，表4には，適切なリサーチ・テーマを選択するために役立つ4つの観点をまとめています。続いてこれらを1つずつ説明していきますので，適切なリサーチ・テーマを選択・決定する際に参考にして下さい。

〈表4〉 テーマの明確化に役立つ4つの観点

1	授業の中心的課題となるテーマ	授業の目標と照らし合わせて，他の何よりも先に解決されるべきだと考えられる中心的課題となるテーマかどうか。
2	生徒の英語学習の目的と関連するテーマ	生徒の英語学習の目的，ニーズに合っており，生徒に受け入れられるテーマかどうか。
3	教員にとって興味・関心の高いテーマ	長期間にわたってリサーチを実践・継続できるほど，教員にとって興味・関心の高いテーマかどうか。
4	改善案を実施しやすいテーマ	教員1人の個人的な努力や工夫によって，現状に変化を加えることができ，改善案を実施しやすいテーマかどうか。

3. Step 2 テーマの明確化

(1) 授業の中心的課題となるテーマ

　まずは，授業の中心的課題となるテーマを選択することが大切です。ワークシート5（31ページ）にあげられているいくつかの疑問点や問題点の中から，授業の目標と照らし合わせてその中心となる活動と深く関連するものは何か，また他の何よりもまず先に解決されるべき問題点は何かを考え，授業の中心的課題となるテーマを探し出します。例えば，リーディングの授業で，生徒の読みの力がなかなか伸びないのはなぜか，あるいはライティングの授業で，生徒がもっと積極的に英文を書くようにするためにはどうしたらよいかなどは，それぞれ授業の中心となる活動と関連する疑問点や問題点と言えます。これらをテーマとして選択しリサーチを進めていくことによって，授業に大きな変化が生まれ，その改善を図ることが期待できるでしょう。ところが，板書の仕方や指名の方法など細かな指導技術だけに絞ってリサーチを進めたとしても，その結果授業の一部が円滑に進むことはあっても授業全体に及ぼす影響は小さく，その質的向上における効果はあまり期待できません。つまり，授業の中心的課題となるテーマを選択することが，リサーチによって生み出される授業改善に対する成果を高めることにつながるのです。

(2) 生徒の英語学習の目的と関連するテーマ

　また，テーマは，生徒の英語学習の目的，ニーズに合っており，生徒に受け入れられるものでなければなりません。これは，当然のことのようですが，実際に生徒に受け入れられるテーマを選択することは，なかなか難しいようです。それは，授業を計画・実践する場合，どうしても教員の考えが優先されてしまい，生徒の希望や置かれている状況が十分に反映されにくいからです。例えば，大学受験を間近に控え，長文読解力を高めたい生徒達に対して，英語によるコミュニケーション能力の育成が大切だからと言って，多くの時間をかけてオーラル・コミュニケーション活動をいくら効果的に行ったとしても，生徒達はその新しい試みをなかなか好意的に受け入れることはできないでしょう。そして，そのような状況であれば，当然アクション・リサーチの実践や授業改善に対する生徒達からの協力を得ることは難しくなってしまいます。つまり，教員は，生徒の英語学習における目的，ニーズなどを正確に把握するよう努め，教員の独断にならないよう注意しながらテーマを選択する必要があります。

(3) 教員にとって興味・関心の高いテーマ

　さらに，テーマは，教員にとっても興味・関心の高いものでなければなりません。第1部の理論編で説明したように，アクション・リサーチの1サイクルは10のStepからなり，そのすべてをやり遂げるには多くの時間と労力が必要です。その原動力となるのは，どうしたら授業をもっと効果的なものにすることができるのだ

ろうかと常に自分自身に問いかける教師の探究心と言えます。言い換えると，アクション・リサーチを実践するということは，この重要な問いかけに対する答えを探し出すために最低でも数ヶ月，長い場合には1年あるいは数年をかけて長い旅に出るようなものです。その長旅に耐えられるだけの高い興味・関心を教員が持ち続けられなければ，途中でその旅を断念してしまうことにもなりかねません。ですから，長期間にわたってリサーチを実践・継続するためには，教員にとって興味・関心の高いテーマを選択する必要があります。

(4) 改善案を実施しやすいテーマ

　アクション・リサーチでは，授業の現状を把握した上で達成可能な目標を設定し，その目標達成のために，新たな指導実践を計画・実行し，その効果を確認し，内省を深めるというサイクルを繰り返し行います。ですから，教員の個人的な努力や工夫によって，現状に変化を加え，実際に新たな指導実践を実行することができるテーマを選択することが大切です。例えば，学校の教育課程全体に関わる問題についてリサーチを実践した場合，その結果，1週当たりの英語の授業時間数を増加させたり，新たな科目を導入したりすることが英語教育の充実には欠かせないということが明らかになったとしても，残念ながら1人の教員の力だけでは，学校の教育課程を改訂することはなかなかできるものではありません。たとえできたとしても，その実現までには少なくとも数年という長い準備期間が必要になってしまうことでしょう。このように，リサーチの実践を進めていく中でどんなに効果的な改善策が見つけられたとしても，実際にそれを試みることができずその結果を確認することが難しいテーマであれば，それはアクション・リサーチにふさわしいものとは言えません。確かに，アクション・リサーチには，個人では実施しがたい教育改革の実現を目指して複数の教員（例えば同一学校に勤務する4～5名の教員）が共同で実践する"Collaborative Action Research"と呼ばれる形態もあります。しかし，本書で扱うアクション・リサーチのように1人の教員が自分の担当授業の改善を目的として行う場合には，リサーチを実践する教員が，実際に自分で改善策を実施し，その効果を確認することができるという点は，テーマを選択する際に考慮すべき重要な要素と言えます。

　これまで説明してきた4つの観点から，すでにワークシート5にあげられている授業の疑問点・問題点を慎重に検討し，今後リサーチを進め解決を図っていこうとする最重要課題を1つだけ選び出して下さい。そして，選択した最重要課題と関連するリサーチ・テーマを明確にし，大まかな研究対象分野を決定しましょう。

3.3. Research Question の設定

リサーチ・テーマを明確にできたら，それを基に Research Question を設定します。Research Question には，生徒の現状と生徒に身につけさせたい力が含まれます。ですから，これまでの授業観察や Journal の記録などを参考に，この2つをできるだけ具体化することが必要です。リサーチ・テーマについて生徒の現状はどうなっているのか，またこれからどのような力を生徒に身につけさせたいのかを自分自身に問いかけ，できるだけその答えを具体的に明確にすることが大切です。

それでは，次の手順に従って**ワークシート6**を活用しながら，リサーチ・テーマと Research Question を設定して下さい。

> **＜ワークシート6活用方法＞**
> (1) 「テーマの明確化に役立つ4つの観点」を参考にして，ワークシート5 (31 ページ) にあげられている授業の疑問点・問題点の中から最重要課題を1つだけ選び出します。
> (2) 選択した最重要課題と関連するリサーチ・テーマを明確にします。
> (3) 明確になったリサーチ・テーマに関して，現在わかっている範囲で生徒の現状をできるだけ具体的に記入します。
> (4) 明確になったリサーチ・テーマに関して，生徒の現状を踏まえながら生徒に身につけさせたい力をできるだけ具体的に記入します。
> (5) 上記 (3)・(4) の内容を1文にまとめて，Research Question を完成させます。

◆ワークシート6　Research Question の設定

1. 最重要課題	
2. リサーチ・テーマ	
3. 生徒の現状	
4. 生徒に身につけさせたい力	

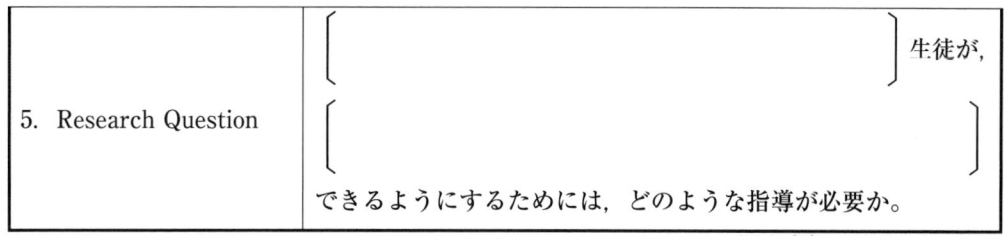

5. Research Question	［　　　　　　　　　　　　　　　　　　　　　　　　　　　］生徒が， ［　　　　　　　　　　　　　　　　　　　　　　　　　　　］ できるようにするためには，どのような指導が必要か。

<記入例は p.42 参照>

3.4. Step 2 から Step 3 へ

　Step 2 では，Journal の記録を基に発見された授業の疑問点や問題点の中から最重要課題を1つだけ選択・決定し，リサーチ・テーマと Research Question を設定しました。しかし，現段階では，まだ Research Question として示されている研究対象範囲は広く，曖昧な部分が残されています。そこで，Step 3 の予備調査へ進み，Research Question をさらに焦点化・具体化するために必要な調査を実施します。

● 実践例 ●　　　　　　　　　　　　　　　　　　　　　　　　　**Step 2**

① 授業の最重要課題の選択・決定

　Step 1 では，(1) ライティング，(2) 音読，(3) スピーキング，(4) 語彙力という自分の授業における4つの問題点を見つけ出すことができた。しかし，考えれば考えるほどどれも重要に思え，その中から1つだけを選択するのがとても難しく感じた。そこで，「テーマの明確化に役立つ4つの観点」からこれらの4つの問題点について検討してみることにした。

　中学の最終学年にもなると，既習の単語や文法事項を使って英語で自分の意見や考えを表現する発信型の活動を取り入れることが多くなるため，スピーキングやライティングは授業の中心的な活動の1つと言える。特に，私はライティングの指導に興味・関心が高く，生徒にとってもインターネットの普及により電子メールやホームページの作成など英語を書く機会は今後ますます多くなってくることが考えられる。さらに，ライティング指導に関する新たな試みであれば，授業の中で実施しやすいのではないかとも思った。

　こうして，テーマの明確化に役立つ4つの観点から検討した結果，ライティングを最重要課題にすることに決定した。これは，自分自身にとって大変興味のある研究分野でもあり，リサーチの大まかな方向性が決定でき，とてもうれしく思った。

4. Step 3　予備調査

②　リサーチ・テーマと Research Question の設定

　続いて，ワークシート6を活用して選択した最重要課題であるライティングに関して，リサーチ・テーマと Research Question を何にするかを考えてみた。

　ワークシート5（例）（34ページ）によると，ライティングに関する授業の疑問点や問題点としては，短い英文は正しい語順で正確に書けるが，1文を書くだけで終わりにしてしまう生徒が多いことがあげられていた。そこで，「まとまりのある英文で自分の言いたいことを書いて表現できるようにするための指導法」をリサーチ・テーマとすることにした。そして，**ワークシート6（例）**の通り，生徒の現状と生徒に身につけさせたい力を具体化し，Research Question を設定した。

　こうして，今後は，話の流れを考えながらまとまりのある英文で自分の言いたいことを書いて表現できるようにするための効果的な指導法を探っていくことにした。

ワークシート6（例）　Research Question の設定

1. 最重要課題	ライティング
2. リサーチ・テーマ	まとまとまりのある英文で自分の言いたいことを書いて表現できるようにするための指導法
3. 生徒の現状	短い英文であれば正しい語順で正確に書けるが，1文を書くだけで終わりにしてしまう生徒が多い。
4. 生徒に身につけさせたい力	話の流れを考えながらまとまりのある英文で自分の言いたいことを書いて表現できるようにしたい。
5. Research Question	〔短い英文であれば正しい語順で正確に書ける〕生徒が，〔話の流れを考えながらまとまりのある英文で自分の言いたいことを書いて表現〕できるようにするためには，どのような指導が必要か。

●成功の秘訣2○

　リサーチ・テーマが明確になってきたところで，Journal の記録を始めた頃とはリサーチの方向性が少し異なっていることに気づくかもしれません。しかし，それが，これまでの調査結果を踏まえて，授業や生徒の現状に合うよう必要な修正を加えた結果ということであれば，決して悪いことではありません。前にも説明したように，アクション・リサーチでは，リサーチ実践者である教員には現状を踏まえた柔軟な対応が求められるからです。ただし，リサーチ実践者であり，授業者である教員は，リサーチ・テーマと授業の疑問点・問題点との関連性やリサーチの進むべき方向性を常に確認し，それを把握しておくことが大切です。

4. Step 3　予備調査

> 🍀活動内容
> （1）調査項目と調査方法を決定する
> （2）予備調査の実施計画を立案する
> （3）予備調査を実施し，その結果をまとめる

　Step 3 では，Step 2 において明確になったリサーチ・テーマ（Research Question）に関する予備調査を実施します。この調査で最も大切なことは，リサーチ・テーマをより具体的で明確なリサーチ・トピックに絞り込むために役立つデータを収集・分析することです。つまり，予備調査の結果を活用することによって，Research Question に含まれる「生徒の現状」と「生徒に身につけさせたい力」の2つをさらに具体化させることを目指します。

　このように，Step 3 予備調査では，リサーチ・テーマの焦点をさらに絞り込み，具体的で明確なリサーチ・トピックを設定するためにはどのような調査が必要なのかを考え，その調査を適切な方法で計画的に実施し，その結果をまとめます。

4.1.　調査項目の決定

　予備調査を実施するためには，まず何について調査をするのかという調査項目を決定しなければなりません。この時，生徒の情意面と技能面という主に2つの側面に分けて考えてみるとよいでしょう。

　まず，Step 2 で設定した Research Question を踏まえて，生徒の現在地をさらに詳しく知るためには生徒の情意面に関するどのような点について調査をする必要があるのかを考えます。例えば，「英語の授業は楽しいと思っているのか」「リスニングは得意と感じているのか」「英文を読むことに興味・関心はあるのか」など，生徒の考えや意識，興味・関心などについて調査する内容を具体的に明らかにします。

　また，同様に技能面についても「生徒の英語のリスニング力はどの程度なのか」「生徒はどの程度自分の意見を英語で書いて表現できるのか」など，Research Question と関連する生徒の英語力とは何かを考え，その調査内容を具体化します。

　このように，予備調査を実施する際には，Research Question に関する生徒の現在地をより詳しく把握するために，生徒の情意面と技能面という2つの側面から必要な調査項目を明らかにしていくとよいでしょう。

4.2.　調査方法の決定

　そして，調査項目を決定できたら，どのように調査をするのかという調査方法を

4. Step 3 予備調査

決定します。ただし，アクション・リサーチでは，各種試験の成績など量的なデータだけではなく，教員による授業観察の記録やアンケートに寄せられた生徒の意見・感想などの質的なデータも積極的に活用します。ですから，データ収集の方法といっても，さまざまなものがあります。

佐野（2000: 62-85）は，次の通りデータ収集の方法を3つに分類し，とてもわかりやすく説明しています。

(1) 観察による収集方法
　授業記録（Field-note），授業記録のグラフ化（Time-log），観察シート，日誌や感想文（Diary and Journal），ビデオによる撮影，転写（Transcription），写真や絵
(2) 言葉による収集方法
　アンケート（Questionnaire），インタビュー（Interview），生徒の自己報告（Self-report），経歴調査（Life and career histories），生徒の作品（Documents）
(3) 数量的資料
　テスト結果，授業分析

これらの方法については，佐野（2000: 62-85）に詳しく説明されていますのでここでは省略しますが，主に観察による収集方法を活用することによって，授業の中での生徒の行動や様子などを把握することができます。また，観察だけでは理解できない事柄（例えば，生徒の意識，観察された行動の原因・理由，授業時間以外の生徒の学習状況など）についてより詳しく把握したい場合には，言葉による収集方法を活用することができます。特に，生徒対象のアンケート調査は比較的容易に実施でき，一度に多くの必要な情報を入手できますので，とても便利です。さらに，各種試験の成績など数量的資料は，生徒による英語の作品や課題と合わせて，生徒の英語力（例えば，リスニング力，ライティング力，語彙力などリサーチ・テーマと関連する能力）を客観的に把握するのにとても役立ちます。

結局，予備調査では，調査する目的や内容を考慮して，最も適切なデータ収集の方法を選択・決定することが大切です。

4.3. 予備調査の実施計画の立案

予備調査において最も重要でなおかつ難しいことは，具体的で明確なリサーチ・トピックを絞り込むために必要なデータを不足することなく収集・分析することです。そのためには，事前に入念な計画を立て，計画的にすべての調査を実施する必要があります。

そこで，これまでの説明を参考にしながら，**ワークシート7**（46ページ）を活用して予備調査の実施日，調査項目と方法を決定し，その計画を具体化していきましょ

〈表5〉予備調査の項目と方法

	調査項目	調査方法
1 情意面	生徒の行動・態度・様子，考え・意識，感想・要望，興味・関心など	授業観察，アンケート調査，インタビューなど
2 技能面	生徒の英語力（リスニング力，スピーキング力，リーディング力，ライティング力，語彙力，文法力，コミュニケーション能力など）	小テスト，定期試験，各種資格試験（英検，TOEIC，TOEFL など），生徒の英語課題や作品など

う。その際，想定される調査項目と方法を生徒の情意面と技能面の2つに分けて表5にまとめてありますので参考にして下さい。もちろん，必要であれば，この表に含まれていない調査項目や方法を取り入れても構いません。

> **＜ワークシート7活用法＞**
> (1) Step 2で設定したResearch Questionを踏まえて，表5に示されている2つの側面について，それぞれ最低1つずつの調査項目を選び出し記入します。
> (2) 選択した各調査項目について，最も適切な調査方法を決定し，所要時間とともに記入します。
> (3) 表5に示されている調査項目以外にも必要なものがあれば，その調査項目と方法，所要時間を記入します。
> (4) すべての調査項目と方法が決定したら，各調査の実施日を決定・記入します。
> (5) 調査結果の記入欄は，調査実施後に順次記入していきます。

4.4. 予備調査の実施と結果のまとめ

予備調査の実施計画を立案できたら，その計画に従ってそれぞれの調査を実施します。そして，その結果を同じくワークシート7に項目別に記入します。その際，調査結果の詳細を記述するよりも，各調査結果から明らかになった大まかな傾向を簡潔にまとめるようにするとよいでしょう。そうすることによって，各調査によるすべての結果を総合的に判断しやすくなり，次のStep 4でリサーチ・テーマをリサーチ・トピックへ絞り込むためにその結果を活用しやすくなります。また，ワークシート7には，4つの記入欄を用意してありますが，リサーチ・テーマに応じてその項目数に増減があっても構いません。

4. Step 3 予備調査

◆ワークシート7　予備調査の計画と結果

調査計画				
	調査項目	調査方法	所要時間	実施日
1				
2				
3				
4				
調査結果				
1				
2				
3				
4				

<記入例は p.48 参照>

4.5. 予備調査実施上の注意点

　予備調査の実施に関して注意しなければならないことは，この調査で得られたデータの一部または全部が，Step 8 検証で仮説を検証するためにも活用されるということです。つまり，この予備調査の結果を新たな指導実践を試みる前の生徒の現状や英語力を示すデータとし，新たな指導実践を試みた後に再度同様の調査を実施して得られたデータと比較することによって，指導実践の実施前後の生徒の変容を明らかにすることができます。ですから，この段階ですでに仮説の検証を視野に入

れた調査項目・方法を考えておくことが望ましいでしょう。

しかし，だからと言ってあまり難しく考える必要はありません。なぜならば，予備調査も仮説の検証も教員が授業や生徒の実態を理解するために行うということに変わりはないからです。あえてその違いをあげるとすれば，前者は，授業における問題点の原因・理由を探し出し，リサーチ・テーマをリサーチ・トピックへと絞り込むために参考となるデータを収集・分析するのに対して，後者は，新たな指導実践の実施前後における生徒の変容を明らかにするために比較可能なデータを収集・分析するということだけです。どちらも，リサーチ・テーマやリサーチ・トピックと関連する項目に関して，最も適切な方法を用いて調査を実施することに変わりはありません。仮説の検証方法については，Step 8 で詳しく説明をしますので，そちらも参考にし，仮説の検証についても考慮しながら予備調査を計画・実施するとよいでしょう。

4.6. Step 3 から Step 4 へ

こうして，Step 3 では予備調査を実施し，リサーチ・テーマをリサーチ・トピックにさらに具体化するために必要なデータを収集・分析しました。生徒の情意面と技能面の両方に関する調査を実施し，生徒の授業における行動や様子あるいは興味・関心だけではなく，現時点での英語力も客観的に把握することができたと思います。続いて，Step 4 では，予備調査の結果を基にリサーチ・テーマをさらに具体的で明確なリサーチ・トピックへと絞り込みます。

● 実践例 ●　　　　　　　　　　　　　　　　　　　　　　　**Step 3**

① 予備調査の実施計画の立案

Step 2 で Reserach Question を設定できたため，リサーチの焦点がだいぶ明確になり，今後どのようにリサーチを進めていけばよいのかを考えやすくなってきた。そこで，リサーチ・テーマをさらに具体的に絞り込んでいくため，ワークシート 7 を使って，予備調査の実施計画を立案した。その計画は，**ワークシート 7-1（例）**（次ページ）の通りである。

まず，情意面に関しては，英語学習に関する生徒の意識・意欲を把握するため，アンケート調査を実施することにした。また，英語の技能面に関しては，現時点での生徒のライティング力を把握するため，授業の中で「学校生活」というテーマを与え 15 分間で自由英作文をさせるライティング・テストを実施し，それを私が 5 段階で評価することにした。

4. Step 3 予備調査

【ワークシート 7-1（例）】 予備調査の計画

調査計画				
	調 査 項 目	調 査 方 法	所要時間	実施日
1	英語学習に関する生徒の意識・意欲	アンケート調査	約10分	5月12日
2	ライティング力	ライティング・テスト	15分	5月12日
3				

② 予備調査の実施と結果のまとめ

　立案した計画に従って，2種類の調査を実施した。
　この2つの調査結果をまとめたものが，**ワークシート 7-2（例）**である。これにより，生徒のライティングに関する意識・意欲や現在のライティング力をより客観的に把握することができ，リサーチの方向性をさらに明確にしやすくなってきた。

【ワークシート 7-2（例）】 予備調査の計画と結果

調査計画				
	調 査 項 目	調 査 方 法	所要時間	実施日
1	英語学習に関する生徒の意識・意欲	アンケート調査	約10分	5月12日
2	ライティング力	ライティング・テスト	15分	5月12日
調 査 結 果				
1	アンケート調査の結果によると，生徒が難しいと感じる分野は，書くこと（88％），聞くこと（74％），話すこと（53％）が上位3つの回答であった。また，生徒が力を伸ばしたいと感じる分野は，書く力（84％），読む力（60％），文法力（44％）で回答者の割合が高かった。したがって，このクラスでは，英語を書くことは難しいと感じながらも，その力を伸ばしたいと思っている生徒が多いことがわかった。			
2	ライティング・テストの結果では，クラスの平均値が2.88（5.00満点）と予想以上に低く，自分の言いたいことを英語で書いて表現するために，これまでに身につけた英語の基礎的な力をまだ十分に活用できていない状態であることがわかった。			

●**成功の秘訣 3** ○─────────────────────────●

　予備調査と言っても，必ず新たにアンケート用紙や試験問題を用意し，アクション・リサーチのための調査を実施しなければならないというわけではありません。まずは，これまでに実施した調査や試験（例えば，入学時の生徒の意識調査，定期試験，校内実力試験など）の結果の中から予備調査のデータとして利用できるものがないかどうかを確認し，生徒の意識や学力を把握するために参考となるデータがある場合にはそれを利

用するとよいでしょう。その上で，不足しているデータを補うためにはどのような調査や試験を実施する必要があるのかを考え，計画的に必要な調査や試験を実施して下さい。

5. Step 4 トピックの絞り込み

> **活動内容**
> (1) リサーチ・トピックを絞り込む
> (2) 絞り込んだリサーチ・トピックを見直す

　Phase I の最終段階となる Step 4 では，Step 3 で実施した予備調査の結果を踏まえて Research Question に含まれる「生徒の現状」と「生徒に身につけさせたい力」をより具体的に示し，リサーチ・テーマを具体化・焦点化して，1つのリサーチ・トピックへと絞り込みます。

5.1. リサーチ・トピックの絞り込み方法

　Journal の記録をアクション・リサーチの第1の出発点とすると，リサーチ・トピックの絞り込みは，リサーチ対象を具体的に決定するという点で第2の出発点と言えます。今後は，このリサーチ・トピックを中心にリサーチの実施手順が進められていくことになるからです。

　この Step では，具体的で明確な1つのリサーチ・トピックを設定することが何よりも大切です。Step 2 ですでに Research Question が設定されていますが，それにはまだ曖昧な部分が多く含まれ，実際に授業のどの部分をどう改善していけばよいのかを決定する手がかりにはなりにくいでしょう。したがって，この Step では，授業改善方法の発見につなげられるようリサーチの焦点をさらに絞り込みます。それが，リサーチ・トピックの絞り込みです。

　図5（次ページ）は，リサーチ・トピックの絞り込みの仕組みを示したものです。リサーチ・トピックを絞り込むためには，Step 2 で設定した Research Question に含まれる「生徒の現状」と「生徒に身につけさせたい力」の2つをさらに具体化し，「生徒の現在地」とこれから向かうべき「目標地点」を明確にします。その際には，予備調査の結果と Step 2 で説明した「テーマの明確化に役立つ4つの観点」を活用することができるでしょう。

　このように予備調査の結果を踏まえて，再びテーマの明確化に役立つ4つの観点も参考にしながら，Step 2 で設定した Research Question の焦点を絞り込み，曖昧な部分を残さないよう注意しながらリサーチ・トピックを設定します。ここで具体

的で明確なリサーチ・トピックを絞り込むことができれば，Step 5 での仮説の設定をそれだけ容易に行うことができます。

それでは，**ワークシート8**を活用して，次の要領に従ってリサーチ・トピックを絞り込んでみましょう。

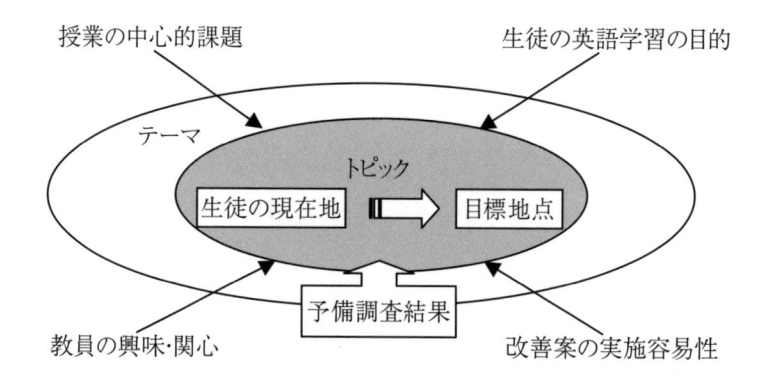

〈図5〉 リサーチ・トピックの絞り込みの仕組み

＜ワークシート8活用法＞
(1) Step 2 で設定した Research Question を記入します。
(2) 予備調査の結果を踏まえて，テーマの明確化に役立つ4つの観点も参考にしながら，生徒の現状を「生徒の現在地」としてできるだけ具体的に記入します。
(3) 生徒の現在地を踏まえて，テーマの明確化に役立つ4つの観点も参考にしながら，生徒に身につけさせたい力をこれから向かうべき「目標地点」としてできるだけ具体的に記入します。
(4) 上記 (2)・(3) に記入された内容を1文にまとめて，リサーチ・トピックを完成させます。

5.2. リサーチ・トピックの見直し

いったんリサーチ・トピックを絞り込むことができたら，次の4つのポイントをそれぞれ見直し，その内容が具体的に示されているかどうかを確認しておきましょう。

■見直しの4つのポイント
(1) 絞り込んだリサーチ・トピックには，生徒の現状が「生徒の現在地」として具体的に示されているか。
(2) 絞り込んだリサーチ・トピックには，生徒に身につけさせたい力が「目標地点」

として具体的に示されているか。
(3) 絞り込んだリサーチ・トピックには，リサーチの対象となる内容が1つだけ含まれているか。
(4) 絞り込んだリサーチ・トピックには，リサーチの対象となる内容が具体的に示されているか。

◆ワークシート8　リサーチ・トピックの絞り込み

1. Research Question	
2. 生徒の現在地	
3. 目標地点	
4. トピックの絞り込み	[　　　　　　　　　　　　　　　　　　　　　　] 生徒が， [　　　　　　　　　　　　　　　　　　　　　　] できるようにするためには，どのような指導が必要か。

<記入例は p.52 参照>

　この4つのポイントを確認した結果，万が一絞り込んだはずのリサーチ・トピックが1つに絞り込めていなかったり，曖昧な部分が多く残ってしまっていたり，具体性に欠けていたりする場合には，再度ワークシート8を活用してリサーチ・トピックの絞り込みを行い，具体的で明確な1つのリサーチ・トピックとなるよう修正を加えて下さい。その際，Step 2 の表3（37ページ）には，これまでに著者が実施したアクション・リサーチにおけるリサーチ・トピックの例がすでに示してありますので，そちらも参考にするとよいでしょう。

5.3. Step 4 から Step 5 へ

　こうして Step 4 では，予備調査の結果を踏まえてリサーチ・テーマの内容をさらに具体化し，1つのリサーチ・トピックへと絞り込みました。これによって，こ

5. Step 4 トピックの絞込み

れから何についてリサーチを進めていくのかを明確にすることができたと思います。続いて次のStep 5からは，Phase Ⅱ Hypothesis に入ります。そこでは，絞り込んだリサーチ・トピックを踏まえて仮説を設定し，アクションを起こす準備をします。

● 実践例 ●　　　　　　　　　　　　　　　　　　　　　　　　　Step 4

① リサーチ・トピックの絞り込み

　次に，予備調査の結果を踏まえてリサーチ・トピックを絞り込む段階になった。
　まずは，Step 2 で設定した Research Question を基に，予備調査の結果を踏まえて，ワークシート8を活用し「生徒の現在地」を考え，さらにそれを踏まえて「目標地点」をできるだけ具体的に設定するよう試みた。しかし，この2つを具体的に設定することは想像以上に難しかった。そこで，これまでのリサーチの経過と結果を初めから丁寧に見直してみた。そうすると，生徒の現状が次第により深く捉えられるようになり，また目指すべき目標も明らかにでき，何とかリサーチ・トピックを絞り込むことができた。絞り込んだリサーチ・トピックは，**ワークシート8（例）**の通りである。

【ワークシート8（例）】　リサーチ・トピックの絞り込み

1. Research Question	短い英文であれば正しい語順で正確に書ける生徒が，話の流れを考えながらまとまりのある英文で自分の言いたいことを書いて表現できるようにするためには，どのような指導が必要か。
2. 生徒の現在地	(1) 英語を書くことは難しいと感じながらも，その力を伸ばしたいと思っている生徒が多い。 (2) 英語の基礎的な力は身についているが，ライティング・テストの平均値は2.88（5.00満点）と低く，自分の言いたいことを英語で書いて表現するために，これまでに身につけた英語の基礎的な力をまだ十分に活用できていない状態である。
3. 目標地点	学習した単語や文法事項を活用して，話の流れを考えながら自分の言いたいことを英語で書いて表現できること
4. トピックの絞り込み	〔英語の基礎的な力は身についているが，ライティング・テストの平均値が2.88（5.00満点）と低く，英語を書くことは難しいと感じながらもその力を伸ばしたいと思っている〕生徒が，〔学習した単語や文法事項を活用して，話の流れを考えながら自分の言いたいことを英語で書いて表現〕できるようにするためには，どのような指導が必要か。

② リサーチ・トピックの見直し

　こうして，いったん絞り込んだリサーチ・トピックを「見直しの4つのポイント」から再び見直してみた。その結果，具体的で明確な1つのリサーチ・トピックが絞り込まれていることが確認できたため，Phase I の目的と言えるリサーチ・トピックの絞り込みをとうとう完成させることができた。これで，Phase I が終了し，リサーチの開始時に比べて，その焦点がずっと具体的に明らかになってきたことが自分自身でも感じられ，リサーチに対する自信が以前より強く持てるようになった。

●成功の秘訣 4 ○

　　　　　　チを成功させる鍵は，Step 4 でリサーチ・トピックの内容をどれ
　　　　　　確にすることができるかどうかです。それができれば，リサーチ
　　　　　　すべき点を具体的に捉えられ，仮説や新たな指導実践だけではな
　　　　　　る方法も具体化しやすくなります。このように，できるだけ具体
　　　　　　トピックを絞り込むことは，それに続くリサーチの実施手順を円
　　　　　　大切です。逆に，その内容が曖昧なままでは，仮説も新たな指導
　　　　　　ができなくなり，仮説の検証方法も定まらずに，リサーチがゆき
　　　　　　それは，まるで地図もガイドブックもなしに見知らぬ町へ出かけ，
　　　　　　自分の現在地さえもわからなくなり，途方にくれてしまうのと同
　　　　　　ないためにも，この段階でできるだけ具体的で明確なリサーチ・
　　　　　　込んでから次の Step に進みましょう。

> この言い方は，間違い？
>
> 「その言葉を聞くやいなや、やおらその場を立ち去った」
>
> ？

● Focus まとめ

　　　　　では Journal の記録を基に，自分の授業における疑問点や問題
　　　　　Step 2 ではリサーチ・テーマとなる Research Question を設定し，
　　　　　を明らかにしました。続いて，Step 3 では予備調査を実施し，
　　　　　結果を踏まえて，具体的で明確な1つのリサーチ・トピックを

　　　　　における疑問点や問題点の発見から始まった Phase I ですが，
　　　　　り込み，具体的で明確なリサーチ・トピックを設定できたら，
次の Phase へ進みます。

第3章　Phase Ⅱ：Hypothesis

1. 全体の流れ

　Phase Ⅱでは，Step 5 仮説設定を行います。この Step では，Phase Ⅰで絞り込まれたリサーチ・トピックについて，到達可能な目標とその目標達成のための効果的な改善策を探し出します。そして，この2つをまとめて仮説を設定します。
　このように Phase Ⅱの目的は，Phase Ⅰで絞り込まれたリサーチ・トピックに関する仮説を設定することです。

2. Step 5　仮説設定

> 🍀活動内容
> （1）到達目標を決定する
> （2）効果的な改善策を発見する
> （3）仮説を設定する

　Step 5 仮説設定は，アクション・リサーチの実施手順の中で最も複雑で難しいと言われますが，ここでも Step 4 トピックの絞り込みと同様に，できるだけ具体的な仮説を設定することが大切です。この Step では，これまでのすべての調査結果を踏まえて授業改善につながる新たな指導実践の基礎となる仮説を設定します。

2.1. 仮説の設定方法

　図6は，仮説設定の仕組みを簡略化して示したものです。
　Step 4 までの段階で，すでにリサーチ・トピックが1つに絞り込まれています。ワークシート8で設定されたリサーチ・トピックには，「生徒の現在地」と「目標地点」が示されているはずです。仮説を設定するためには，生徒の現在地を踏まえて，そこから到達可能な目標をより具体的に設定するとともに，その目標達成のための効果的な改善策を探し出す必要があります。そうすることによって，「改善策

（A）」と「到達目標（B）」の2つをまとめて「AをすればBになる」というように仮説を完成させることができます。なお，ここで言う「到達目標」とは，リサーチ・トピックに含まれる「目標地点」をさらに具体的にしたものと考えるとよいでしょう。これまでのすべての調査結果を活用し，生徒にとって実現可能な到達目標をできるだけ具体的に設定して下さい。

　仮説に含まれる改善策と到達目標は，どちらも具体的でなければなりません。それは，改善策が具体的でなければ，新たな指導実践の計画を具体化できずに困ってしまいますし，また到達目標が曖昧なままでは，それだけ仮説の検証を実施しにくくなってしまうからです。

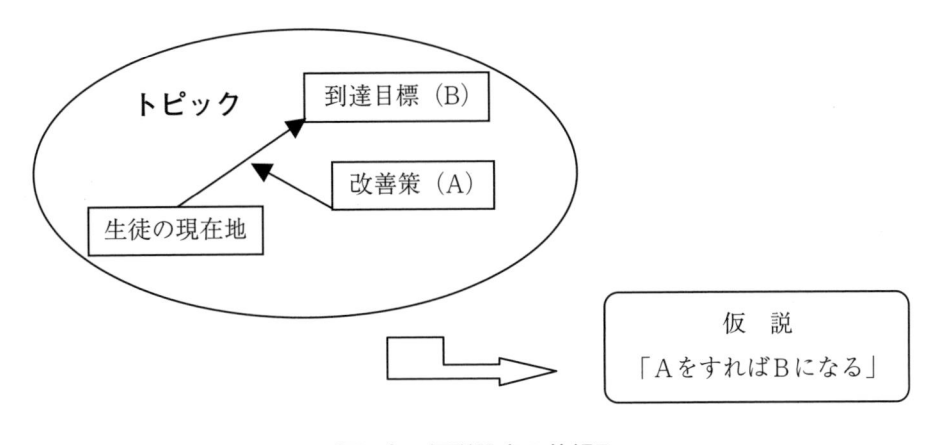

〈図6〉　仮説設定の仕組み

　例えば，アクション・リサーチにおける仮説の例としては，次のようなものがあげられます。これらを参考に，自分のリサーチにおける仮説を具体化してみて下さい。

■仮説の例
○リサーチⅠ
（1）生徒の英語苦手意識に配慮しながら，生徒が英語を使う場面を無理なく少しずつ増やしていくことによって，生徒が授業内の活動に積極的に参加するとともに，それらを楽しむことができるようになる。
（2）Shadowingの練習を行うことによって，生徒が日本語と英語のリズムや発音の違いを意識して英文を音読することができるようになり，音声英語に慣れることができる。

○リサーチⅡ
（1）生徒にやさしい英語で書かれた文章を読ませることによって，細部にこだわらず大まかな内容をとらえて読むことができるようになる。

(2) Timed Reading と Paced Reading を組み合わせた指導を行うことによって，生徒の読む速度を高めることができる。

2.2. 仮説設定の注意点

前にも説明した通り，仮説の設定は，アクション・リサーチの実施手順の中で最も複雑で難しい段階であると言われますので，少しでも仮説を設定しやすくなるよう，以下にその注意点をまとめておきます。これらの7つの注意点を1つずつ丁寧に確認しながら，仮説を設定して下さい。

■仮説設定の7つの注意点

(1) Phase I で収集したすべてのデータを最大限活用します。

(2) 絞り込んだリサーチ・トピックに関連する仮説を設定します。必要であれば，リサーチ・トピックの内容をさらに焦点化，具体化するとよいでしょう。

(3) 到達目標達成のための効果的な改善策を探し出すためには，参考となる文献を探して読むことが大切です。ただし，アクション・リサーチには，単なる授業改善を目的に行うものから，その研究経過と結果を学術論文としてまとめて発表するというものまで，リサーチの実施状況や目的に応じてさまざまな形態が考えられます。ですから，文献研究は十分に行った方がよいことは言うまでもありませんが，授業改善を第一の目的とするならば，参考文献を精選し2〜3件の重要な文献に絞って文献研究を行ってもよいでしょう。このような場合には，むしろ同僚や先輩教員などからの意見やアドバイスの方が役に立つこともあります。

(4) 設定する仮説の数は，教員がアクション・リサーチの実践方法に慣れるまで1つないしは2つに絞るとよいでしょう。また，リサーチの方法に慣れた場合でも，設定する仮説の数が多すぎると，試みる指導実践の種類も多くなり，仮説の検証方法が複雑になり，その分析が困難になってしまったり，教員だけではなく生徒にも多くの負担をかけてしまったりすることがありますので，仮説の数は多くても3つまたは4つ程度にしておいた方がよいでしょう。

(5) (4)と同じ理由から，1つの仮説に含まれるアクションは，1つだけにする方がよいでしょう。仮説の数を少なくしても，1つの仮説に新しく導入する指導実践が数多く含まれるようでは，仮説の数を減らした意味はありません。設定した仮説の数だけではなく，仮説に含まれるアクションが多すぎはしないかも忘れずに確認して下さい。

(6) (4)や(5)と関連しますが，自分の実施できる範囲で仮説を設定することが大切です。自分の実施できる範囲とは，もちろん量の問題もありますがそれだけではありません。仮説に含まれる改善策を実行するための準備時間や実施

時間は十分にあるのか，施設・器材は揃っているのか，他の教員からの協力は必要か，必要であれば果たしてそれは得られるのかなど，さまざまな角度から検討し，必要であれば実施できる形に修正します。

(7) 到達目標とその目標達成のための改善策は，その導入目的や内容，期待される効果などを生徒に対しても十分説明し，生徒からも支持されるものにする必要があります。そのためには，教員と生徒が互いに協力し，共に挑戦できる新たな試みを見つけ出すことが大切です。

それでは，**ワークシート9**を活用して，次の要領に従って仮説を設定して下さい。

<ワークシート9活用法>
(1) Step 4で絞り込んだリサーチ・トピックを記入します。
(2) リサーチ・トピックに含まれる「生徒の現在地」と「目標地点」を踏まえて，到達可能な目標を具体的に設定します。
(3) (2)で設定した到達目標を達成するための効果的な改善策を探し出し，記入します。
(4) 上記(2)と(3)をまとめて，仮説を完成させます。

◆ワークシート9　仮説の設定

1. リサーチ・トピック	
2. 到達目標	
3. 効果的な改善策	
4. 仮説の設定	［　　　］すれば， ［　　　］になる。

<記入例はp.59参照>

2.3. Step 5 から Step 6 へ

　Step 5 では絞り込んだリサーチ・トピックに関して，生徒の現在地を踏まえて到達可能な目標を設定し，その目標達成のための効果的な改善策を探し出し，仮説を設定しました。続いて Step 6 からは Phase Ⅲ Action に入ります。まず Step 6 では，設定された仮説に基づいて新たな指導実践に関する実施計画を立案します。

● 実践例 ●　　　　　　　　　　　　　　　　　　　　　　**Step 5**

①　到達目標の設定

　1つの具体的で明確なリサーチ・トピックを絞り込むことができ，とうとう最も難しいといわれる仮説設定の段階になった。

　まず，ワークシート9を活用して，リサーチ・トピックに含まれる生徒の現在地と目標地点を踏まえて，到達可能な目標を何にすればよいかを考えてみた。英語の基礎的な力は身についていると考えられるので，その力を活用して英語で書いて表現する機会を授業の中でできるだけ多く与えていくことが大切であると考え，**ワークシート9（例）** の通り到達目標を設定した。

②　効果的な改善策の発見と仮説の設定

　いったん具体的な到達目標を設定することができると，それを達成するための効果的な改善策を見つけ出す段階になるが，これはそれほど難しいことではなかった。

　「書くこと」の指導は，これまでも英語教育に関する研究会や研修会でよく取り上げられており，私自身も公開授業などで扱ったことのあるテーマだったので，いくつか試してみたいアイデアがすぐに頭の中に浮かんできた。しかし，授業時間は限られており，その中で試すことができる指導法はそれほど多くないため，最も効果的だと思われる指導法に絞り込むことの方が難しく，この点に関しては他の先生方からの意見やアドバイスが大変参考になった。

　結局，設定した到達目標を達成するためには，学習した単語や文法事項の定着を図りながら，ある程度まとまりのある英文で自分の言いたいことを書いて表現するための練習をさせることが重要であると考え，**ワークシート9（例）** の通り2つの仮説を設定した。

　こうして仮説を設定することができると，授業の中に新たに取り入れる指導実践までもがだいぶ具体的に明らかになり，これまでのリサーチの取り組みが自分の授業改善に直接つながっているように強く感じられてきた。

【ワークシート9（例）】 仮説の設定

1. リサーチ・トピック	英語の基礎的な力は身についているが，ライティング・テストの平均値が2.88（5.00満点）と低く，英語を書くことは難しいと感じながらもその力を伸ばしたいと思っている生徒が，学習した単語や文法事項を活用して，話の流れを考えながら自分の言いたいことを英語で書いて表現できるようにするためには，どのような指導が必要か。
2. 到達目標	学習した単語や文法事項を活用して，4～5文以上のまとまりのある英文で自分の言いたいことを書いて表現できるようにする。
3. 効果的な改善策	学習した単語や文法事項の定着を図りながら，ある程度まとまりのある英文で自分の言いたいことを書いて表現するための練習をさせる。
4. 仮説の設定	(1) 授業で学習した重要表現を使って自分の言いたいことを英語で書いて表現する練習を行うようにすれば，生徒の英語を書く力が向上し，自分の言いたいことを英語で書いて表現できるようになる。 (2) ある程度まとまりのある英文で自分の言いたいことを書いて表現する練習を行うようにすれば，生徒の英語を書く力が向上し，4～5文以上のまとまりのある英文で自分の言いたいことを書いて表現できるようになる。

●成功の秘訣5○

　仮説の設定は複雑で難しいものですが，その前段階としてリサーチ・トピックが具体的に絞り込まれていれば，比較的容易に仮説を設定することができるはずです。ですから，逆に仮説を設定することが難しい場合には，これまでのリサーチ実施手順を丁寧に見直し，再びStep 4に戻り，リサーチ・トピックをより具体的なものに絞り込むとよいかもしれません。

　また，いったん仮説を設定できたとしても，設定した仮説に「改善策（A）」と「到達目標（B）」の2つが本当に含まれているかどうかを必ず見直し，必要であれば修正を加えておきましょう。

　さらに，仮説を設定するのと同時に，その検証方法についてもある程度明確にしておくことを勧めます。詳しくは，Step 8の説明を参考にして下さい。

3. Phase Ⅱ Hypothesis　まとめ

　Phase Ⅱでは，絞り込んだリサーチ・トピックに関する到達目標を設定し，それを達成するための効果的な改善策を探し出し，仮説としてまとめました。

　続いてPhase Ⅲでは，仮説に基づいて新たな指導実践に関する実施計画を立案し，その計画に基づいて実際に授業改善を図っていきます。

第4章 Phase Ⅲ：Action

1. 全体の流れ

　Phase Ⅲでは，Step 6 計画と Step 7 実践を行います。
　まず，Step 6 では，設定された仮説に基づいて，効果的な改善策と考えられる新たな指導実践について実施計画を立案します。そして，Step 7 では，その計画に従って新たな指導実践を行います。ただしその際，授業観察や生徒へのインタビューなどによって，クラスの状況，生徒の反応や様子などを把握するよう努め，仮説の検証に役立つデータを収集し始めます。ここで収集されたデータは，Phase Ⅳ（Step 8）において仮説を検証するために活用します。
　このように Phase Ⅲでは，設定された到達目標の達成を目指して，新たな指導実践に関する実施計画を立案し，生徒の反応や様子を観察しながら，実際にその計画を実行します。

2. Step 6　計画

> 活動内容
> （1）新たな指導実践の実施計画を立案する

　Step 6 では，Step 5 で設定された仮説に基づいて，効果的な改善策となる新たな指導実践の実施計画を立案します。

2.1. 新たな指導実践の計画立案

　新たな指導実践の実施計画を立案するということは，試みる指導の日程，内容と方法の3つを具体化するということです。
　まずは，新たな指導実践を行う日程から決定するとよいでしょう。前にも説明した通り，新たな指導実践に割り当てる授業時間数は，アクション・リサーチの1サイクルの中で少なくとも授業4〜6回分は必要です。実際には，この計画立案の時点で残りの授業時間数を確認し，そこから仮説の検証のための調査に要する授業時

間を除けば，新たな指導実践に割り当てられる最大の授業時間数がわかりますので，それを基に学校や授業の諸条件，仮説や指導実践の内容などを考慮し，具体的な日程を決定するとよいでしょう。

　新たな指導実践のための日程が決定できたら，次に実際に何をどのように指導するのかを考え，指導の内容，方法・手順，使用教材，所要時間などを具体的に決定します。クラスの現状だけでなく，教育施設・環境などのさまざまな条件を考慮しながら，効果的な指導実践の内容と方法を具体化することはとても難しいことですが，これまでに試みたことのない全く新しい特別な指導法を導入するというよりも，むしろ現在行っている指導を見直してみることから始めるとよいでしょう。現在行っている指導の中で，仮説の内容と関連するものをあげ，その中から今後も続けていきたいと思う指導，少し改善を加えてみたいと思う指導を選び出し，良い部分は残し不十分な部分を補うためにはどうすればよいかということを考えてみるとよいでしょう。そうすることによって，授業のどの部分にどのような変化を加えたらよいのかを明らかにすることができます。

　そして，いったん計画が立案できたら，本当にその計画は実施可能なものかどうかを注意深く見直します。授業を改善しようとさまざまな工夫やアイデアを取り入れることはとてもよいことですが，授業時間内に収まらない活動，生徒の英語力を超えてしまう活動，教員あるいは生徒にとって負担が大きすぎる活動など，欲張りすぎた指導計画になっていないかを慎重に確認して下さい。そして，不都合な点が見つかった場合には，それを実施可能なものに修正しておきましょう。

　それでは，**ワークシート10**（次ページ）を活用して，新たな指導実践に関する実施計画を立案し，その全体的な流れを確認しましょう。

　そして，新たな指導実践に関する実施計画を立案できたら，**ワークシート11**（63ページ）を活用して，新たな指導実践を導入した場合の授業1回分の典型的な指導手順（授業案）を作成します。ここでは，新たな指導実践1回分の指導手順の流れとともに，その導入によって授業全体がどのように変化するのかを確認することが大切です。なお，ワークシート11の代わりに，Step 1 で使用したワークシート4（29ページ）を活用することもできます。

<ワークシート10 活用法>
　授業ごとに，授業日，指導実践の内容，活動時間，使用教材を記入し，その概要をまとめます。

<ワークシート11 活用法>
　授業全体の指導手順，各活動の具体的な内容と活動時間を記入します。

2. Step 6　計画

◆ワークシート10　指導実践計画表

指　導　実　践　計　画					
回	授業日	内容（概要）	時間	使用教材 （範囲）	備考
1					
2					
3					
4					
5					
6					
7					

＜記入例は p.64 参照＞

◆ワークシート11　典型的な指導手順（授業案）

指　導　手　順	活　動　内　容	時　間

<記入例は p.65 参照>

2.2. 計画立案における注意点

　教員にとって，この Step で行う指導計画の立案は，日頃からよく行っていることであり慣れていることと思います。ですから，指導計画の立案についてはあまり詳しく説明する必要はないと思いますが，その計画をうまく具体化できない場合には，設定した仮説に問題はないかもう一度見直してみるとよいでしょう。

　新たな指導実践は，仮説に基づいて計画・実行されますので，もしもこの時点で仮説の内容に曖昧な点があったり，実施不可能な点があることに気づいた場合には，まずはそれを修正する必要があるでしょう。その場合には，Step 5 仮説設定に戻り必要な修正を行った上で，改めて指導実践の計画を立案し直して下さい。時には，Step 5 と Step 6 を行ったり来たりして，仮説と指導実践計画の両方を少しずつ調整しながら具体化していくという作業が必要になるかもしれません。

2.3. Step 6 から Step 7 へ

　Step 6 では，仮説に基づいて，新たな指導実践に関する実施計画を立案しました。これで新たな指導実践を行う準備が整いましたので，Step 7 ではその計画に従って実際に新たな指導実践を実施します。

2. Step 6 計画

● 実践例 ●　　　　　　　　　　　　　　　　　　　　　　Step 6

① 新たな指導実践の計画立案

　リサーチの実践開始時に設定したスケジュールに従って，これまでほぼ順調にリサーチを進めることができ，仮説に基づいて新たな指導実践を具体化していく段階になった。

　まず，指導の日程を考えてみた。この時点で，1学期の残りの授業時間数を確認してみると，あと7週残っていた。今回新たに取り入れる書くことの指導は，生徒の英語を書いて表現する機会を増やすことが主な目的になるので，できる限り多くの指導回数を確保した方が高い効果が期待できるが，授業時間の制約もあり，週1回の割合で書くことの指導を重点的に行うよう実践計画を立案してみることにした。つまり，6月4日から書くことの指導を開始し，合計6回の書くことの指導を行い，7月10日の授業で効果の検証のための調査を行うことにした。

　新たな指導実践の日程を決定した後で，具体的な指導の内容と方法を考え，**ワークシート10（例）**の通り，指導実践計画を立案した。

　また，詳しい指導手順を考え，**ワークシート11（例）**の通り，その計画を立案した。つまり，週1回約20分間，学習した重要表現を使って自分の言いたいことを英語で書いて表現する練習を行うこととした。ただし，2週にわたって1つのテーマを扱うこととし，毎週前半あるいは後半のどちらか一方のみの指導を行う。

　こうして，2つの仮説に基づく書くことの指導に関する実践計画が具体化でき，あとはその計画を実行するのみとなった。

【ワークシート10（例）】　指導実践計画表

指　導　実　践　計　画					
回	授業日	内容（概要）	時間	使用教材 （範囲）	備考
1	6/4	書くことの指導（1） 重要表現：不定詞（1）	20分	自作プリント教材 テーマ：わたしの住んでいる町（前半）	
2	6/11	書くことの指導（2） 重要表現：不定詞（2）	20分	自作プリント教材 テーマ：わたしの住んでいる町（後半）	
3	6/18	書くことの指導（3） 重要表現：疑問詞＋不定詞（1）	20分	自作プリント教材 テーマ：わたしの日本文化紹介（前半）	

4	6/25	書くことの指導（4） 重要表現：疑問詞＋不定詞（2）	20分	自作プリント教材 テーマ：わたしの日本文化紹介（後半）	
5	7/2	書くことの指導（5） 重要表現：It is ＋形容詞＋ for... ＋ to ＋動詞の原形（1）	20分	自作プリント教材 テーマ：ネパールの小学生からの手紙への返事（前半）	
6	7/9	書くことの指導（6） 重要表現：It is ＋形容詞＋ for... ＋ to ＋動詞の原形（2）	20分	自作プリント教材 テーマ：ネパールの小学生からの手紙への返事（後半）	
7	7/10	効果の検証			

【ワークシート11（例）】 典型的な指導手順（授業案）

指導手順	活動内容	時間
書くことの指導 （前半）	（週1回約20分間を書くことの指導にあてる） (1) 生徒は教師があらかじめ用意した質問に答える形で，学習した重要表現を活用しながら自分の言いたいことを英語で書く。	13分
	(2) 質問と各自の答えを基に，ペアになってQ&A活動を行う。	7分
書くことの指導 （後半）	(3) 各質問の答えを基に，話の流れを考えながら4～5文以上でまとまりのある英文を書く。	10分
	(4) 各自の英作文をペアで発表しあう。	5分
	(5) よく書けている生徒の作品をいくつか紹介し，クラス全体でその内容を確認する。	5分

●成功の秘訣6○

　これまでのアクション・リサーチ実践経験によると，苦労をして新たな指導実践の実施計画を立案したとしても，教員の期待や予想通りに新たな指導実践が生徒に受け入れられ，円滑にそれが進められるとは限りません。ですから，指導実践の実施計画を立案した後にすぐにそれを本格的に実行してしまうのではなく，1回あるいは数回試行をしてみて生徒の反応・様子を確認し微調整を加えた上で，本格的に新たな指導実践を実施する方が貴重な授業時間を無駄にすることがなく，より高い効果を期待することができると思います。しかし，そのためには，新たな指導実践を試行し，必要な修正を加える

ための時間的な余裕をあらかじめ設けておくことが必要になるでしょう。

3. Step 7　実践

> **活動内容**
> （1）新たな指導実践を実施する
> （2）生徒の反応・様子を把握する

　Step 7では，実際に授業改善のためのアクションを起こします。Step 6で立案された実施計画に従って，新たな指導実践を試みます。また，同時に主に授業観察や生徒へのインタビューによって，試みた指導実践が生徒にどのような影響を与えているのかを探り，生徒の反応や様子を把握します。

3.1. 新たな指導実践の実施

　新たな指導実践については，すでに立案されている実施計画に従って実施することが最も大切なことです。これまでのさまざまな調査や分析の結果を踏まえて，授業改善に役立つと思われる具体策を探し出し，その実施計画を立案したわけですから，ここではできるだけその計画を変更せずに，新たな指導実践を行うように心がけます。そうすることが，これまで行ってきた調査や分析の結果を最大限活用することになりますし，計画された指導実践の効果を正確に確認することにもなり，試みた指導実践の新たな問題点を発見することにつながります。ただし，実際に新たな指導実践を実施してみると，現実には計画通りに進まないことも多くあります。その場合には，当然計画を修正することが必要になりますが，本当に必要な修正は何かを十分に検討し，最小限の修正にとどめるよう注意する必要があるでしょう。
　また，新たな指導実践を実施する際には，いつ，何を，どのように実施したのかを正確に記録しておくことが大切です。そのためには，ここでもStep 1で使用したワークシート4を活用して，毎回の授業についてJournalの記録を継続して実践すればよいでしょう。リサーチの対象が，授業全体にかかわるようであればそのすべてについて記録をする必要がありますが，授業の一部だけの場合には，該当する部分に焦点を絞って記録をすればよいでしょう。この記録は，仮説を検証する時をはじめ，新たな指導実践の実施状況や経過を確認する必要が出てきた時にとても役立ちます。
　このように，新たな指導実践の実施に関しては，立案された計画通りにそれを実施することと実施した内容を正確に記録しておくことが大切です。

3.2. 生徒の反応・様子の把握

　新たな指導実践を実施する際には，計画通りに実施することと実施内容を記録しておくことだけではなく，生徒の反応や様子を把握するよう心がけることも大切です。

　新たな指導実践を実施した結果，期待通りの効果が得られたのかどうかはStep 8 検証で本格的に調査を行いますが，新たな指導実践の開始と同時に，すでに効果の検証が始まっていることを忘れてはいけません。それは，新たな指導実践がすべて終了した後では，教員が，それを実行中の生徒の反応や様子を細かい部分までなかなか思い出すことができなかったり，生徒に質問しても忘れてしまっていて正確な回答が返ってこなかったりすることが多くなってしまうからです。したがって，主に授業観察や生徒へのインタビューという手法を活用して，新たな指導実践を実施しながら随時それに対する生徒の反応や様子を把握するために役立つデータを収集しておくことが必要です。

　そのためには，まず新たな指導実践を実施する際に，生徒の反応や様子を注意深く観察することが大切です。教員が注意深く授業観察を行うだけでも，生徒は新たに取り入れた活動に積極的に参加しているか，生徒にとって難しすぎる活動はないか，時間配分は適切に行われているかなど，試みた指導実践に対する生徒の反応や様子などを細かく把握することができるでしょう。そして，授業観察を通じて把握できたクラス全体の雰囲気，生徒の特徴的な反応や様子・態度などは，できるだけ具体的に記録しておきます。

　また，授業観察に加えて，新たな指導実践について生徒と直接話し合う機会を持つとさらによいでしょう。それによって，授業観察からだけではわからない生徒の率直な意見や感想を把握することができます。特に，授業以外の時間（休み時間や放課後など）も積極的に活用して，生徒と接する時間をできるだけ多く持つよう心がけて下さい。授業時間以外では，授業中に比べ教員も生徒も周りの人々にあまり気を遣わず気楽に話ができ，生徒の率直な意見や感想を引き出しやすくなります。

　このように，新たな指導実践を実施する際には，仮説を検証するためのデータとして活用できるよう，授業観察や生徒へのインタビューなどによって授業の変化に対する生徒の反応や様子を探り，それを記録・保存しておくことが大切です。

　それでは，**ワークシート12**（次ページ）を活用して，新たな指導実践を行いながら，授業観察や生徒へのインタビューなどを通じて，生徒の反応や様子に関して気づいた点などを順次記録しておきましょう。なお，前にも説明した通り，授業観察についてはワークシート4を活用することができますが，ワークシート12を活用して生徒の反応や様子などに関して気づいた点をすべて一箇所にまとめておいた方が，仮説の検証の際にそのデータを活用しやすくなります。

3. Step 7 実践

> **＜ワークシート 12 活用法＞**
> 新たな指導実践に関して気づいた点があった場合には，日付，対象（情報源），発見した内容，データ収集の手段を記録します。

◆ワークシート12　発見メモ

月日	対　象 (情報源)	内容（新しい発見）	データ 収集手段

＜記入例は p.70 参照＞

3.3. Step 7 から Step 8 へ

Step 7 では，立案された計画に従って新たな指導実践を実施し，それと同時に主に授業観察や生徒へのインタビューによって，生徒の反応や様子を探りました。ただし，これだけでは質的にも量的にも収集できるデータに限りがあります。そこでStep 8 では，仮説を検証するための本格的な調査を実施します。

● 実践例 ●   **Step 7**

① **新たな指導実践の実施**

　計画通り，6月4日に1回目の書くことの指導を行った。はじめに，英語を書く活動全体の進め方を説明し，特に難しいことを書こうとはしなくてよいので，間違いを恐れずに自分の言いたいことを英語で書いて表現してみようとアドバイスを与えた。その際，重要表現である不定詞を積極的に活用するよう指示をした。すると，真剣に静かに英語を書く生徒達の姿が確認でき，1回目の指導実践で生徒の英文を書くことへの不安をやわらげ，興味を高めることができたように感じ，少しほっとした。

　その後も，ほぼ順調に書くことの指導実践を進めることができた。ただし，ある程度まとまりのある英文を書くとなると，生徒によって時間が余ってしまったり，逆に時間が足りなくなってしまったりすることがあり，全体的な進度を合わせるのにはじめのうちは少し苦労した。しかし，早く終わった生徒や時間がかかっている生徒には教師から声かけを行い，内容を充実させるために補足する必要のある点を指摘したり，表現の難しい点を手助けしたりすることによって，全体的な進度に差が出ないように少しずつ調整できるようになった。

② **生徒の反応・様子の把握**

　今回自分の言いたいことを英語で書いて表現する活動を新しく取り入れてみたが，**ワークシート12（例）**（次ページ）の通りさまざまな新しい発見があった。生徒の反応を観察していると，熱心に英語を書こうとする姿や楽しそうに書いた英語を発表する姿などが多く見られ，全体的に見てこの新しい取り組みは成功したと言っても良いように感じた。ただし，重要表現を自由に使いこなせるようになるためには，今回の試みだけではまだ十分な練習量を確保できているとは言えず，引き続きこのように英語で書いて表現する機会をできるだけ多く授業の中に取り入れていく必要があると感じた。

　続いてStep 8に進み，もっと本格的に仮説を検証してみようと思った。

4. Phase Ⅲ Action まとめ

【ワークシート 12（例）】 発見メモ

月日	対象 （情報源）	内容（新しい発見）	データ 収集手段
6/4	クラスの生徒全体	英文を書く際に，用意された質問に答えることで，それがヒントとなり，比較的簡単に英文を作っていくことができているようであった。みんな真剣に静かに英語を書くことに取り組んでいたのが印象的だった。	授業観察
6/11	クラスの生徒全体	書くことの指導の2回目が終了したが，1つめのテーマに関して全生徒がある程度まとまりのある英文で自分の言いたいことを書いて表現できた。お互いの発表を聞くこともとても楽しんでいるようであった。	作品と授業観察
7/2	女子生徒1名	授業後，ある生徒から「なかなか思うように言いたいことが英語で書けない」という相談を受けた。しかし，実際に生徒の書いた英文を見てみると，よく書けている部分もあるので，もう少し自信を持ってもよく，できないところは質問しながら作っていけばよいとアドバイスを与えた。	インタビュー
7/9	クラスの生徒全体	書くことの指導実践が6回目になり，3つめのテーマについて多くの生徒が熱心に楽しそうに自分の書いた英語を発表していた。また，自分の言いたいことを書いて表現するだけではなく，友達がどのようなことを書いているのかとても興味を持って発表を聞く姿も見られた。ただ，重要表現を自由に使いこなせるようになるためには，まだ十分な練習量を確保できているとは言えないと思った。	授業観察

●成功の秘訣 7 ○─────────────────●

　生徒にインタビューをするといっても，全生徒と1人ずつ面接をしなければいけないというわけではありません。もちろんそれをしてもよいのですが，時間がかかりすぎるという点が問題です。ですから，むしろ生徒との普段の交流の中で，英語の授業に関して話をする機会を持つように心がけるのが一番よいでしょう。

　前にも説明したように，その時気づいたことを記録しておくことは大切なことですが，生徒と話をしながら目の前でメモを取ることは控えた方がよいでしょう。メモを取ることによって，会話が中断してしまったり，生徒が緊張して自然な言葉や反応を返せなくなるなど，生徒の率直な意見や感想を得られなくなってしまう恐れがあるからです。最も大切なことは，授業観察やインタビューなどを通して，試みた指導実践の効果や問題点などについて新たに気づいたことを記憶の鮮明なうちにその都度こまめに記録として

残す習慣を身につけることです。

4. Phase Ⅲ Action まとめ

　Phase Ⅲでは，新たな指導実践に関する実施計画を立案し，それに従って実際に授業改善につながる新たな指導実践を実施しました。アクション・リサーチの最終段階となる Phase Ⅳでは，試みた指導実践の効果を検証し，それに対する内省を深め，リサーチの経過と結果をまとめて発表します。

第5章 Phase Ⅳ：Reflection

1. 全体の流れ

　最終段階となる Phase Ⅳ には，Step 8 検証，Step 9 内省，Step 10 発表という 3 つの Step が含まれます。

　まず，Step 8 では仮説を検証するために必要な調査を実施し，Step 9 ではその結果を踏まえて試みた指導実践に対する内省を深め，その効果と問題点を明らかにします。最後に，Step 10 ではアクション・リサーチの経過と結果をまとめて発表し，他者との意見・情報交換を行い，内省をさらに深めます。そして，引き続きその成果を次のリサーチ・サイクルへつなげていきます。

　このように Phase Ⅳ では，アクション・リサーチの 1 サイクルのまとめとして，これまでに行ってきたリサーチの経過と結果を振り返るとともに，次のリサーチ・サイクルを開始する手がかりを探し出します。

2. Step 8 検証

> 活動内容
> （1）仮説検証のための調査計画を立案する
> （2）調査計画を実行する
> （3）調査データを集計・分析する
> （4）すべての調査結果をまとめて，仮説を検証する

　Step 8 では，仮説を検証するために必要な調査を実施し，その結果をまとめます。そして，この調査結果と Step 3 の予備調査での結果とを比較して新たな指導実践実施前後の生徒の変容を明らかにし，試みた指導実践の効果を確認し，仮説を検証します。

2.1. 仮説の検証とは

　前にも説明した通り，仮説には「A をすれば，B になる」というように，到達目

標（B）とそれを達成するための効果的な改善策（A）が含まれます。しかし，この到達目標は，仮説を設定する段階での期待される効果として予測されているだけで，Aの結果必ずBになるとは限りません。ですから，Aをした結果本当にBになったのかどうかを確認する必要があります。それが，仮説の検証です。このように，仮説の検証とは，新たな指導実践を実施した結果，本当に仮説に示された期待通りの効果が得られたのかどうかを確認することです。言い換えると，それはAとBの因果関係を明らかにするということになります。

　新たな指導実践の効果を検証する際には，短期的な調査によって確認できる効果と長期的な調査によってはじめて確認できる効果の2つを区別することが大切です。例えば，一定期間に学習された内容の定着を確認する定期試験や，日本実用英語技能検定試験（英検）などのように級別にレベル分けされている検定試験などでは，数回あるいは数ヶ月という比較的短期間の指導による効果を測定しやすいと言えます。一方，TOEIC，TOEFLなどのように，総合的な英語コミュニケーション能力を測定する試験では，1年あるいは数年という長期的な指導によってはじめてその結果に変化が現れることが多く，短期間の指導による効果を測定するのにはあまり適していません。ですから，まずは短期的な指導による効果と長期的な指導による効果のどちらを測定するのかを明らかにしたうえで，適切な調査方法を選択することが大切です。

　本書で扱っている授業改善のためのアクション・リサーチにおいては，1サイクルで授業4～6回分の新たな指導実践の効果を検証することが主な目的になりますので，短期的な効果の検証方法を活用することが多くなるでしょう。しかし，リサーチ・サイクルを複数回（例えば2～3回）実施した後であれば，1サイクルの短期的な効果に加えて，複数のサイクルを繰り返した後でのより長期的な効果をあわせて検証することもできます。ですから，アクション・リサーチにおいては，長期的そして短期的な効果の検証方法を適切に組み合わせて，試みた指導実践の効果を定期的・計画的に確認しながら，その検証結果を授業改善に役立てていくことが最も望ましいことと言えるでしょう。

2.2. 調査項目の決定

　仮説を検証するためには，何を調査する必要があるのかを明確にしなければなりません。それが，調査項目の決定です。

　調査項目を決定する際には，仮説に含まれる改善策（A）と到達目標（B）の因果関係を明らかにするという調査の目的を決して忘れてはいけません。つまり，この2つの関係を明らかにするためには何を調査する必要があるのかを考え，そのためには欠かすことのできない調査項目が抜けてしまったり，逆にそれとは無関係の調査項目が含まれたりすることのないよう注意が必要です。

例えば,「生徒の英語を読む量を増やせば,読む速さが速くなるだろう」という仮説を設定した場合を考えてみましょう。この仮説を検証するためには,もちろん生徒の「英文読書量」と「読みの速さ」を調査する必要があります。しかし,リサーチを進めていく過程で,教員の関心が「生徒はどの程度フレーズ・リーディングができているのか」あるいは「どのようなストラテジーを使用して読んでいるのか」などに移ってしまい,それらに関する調査は実施したものの,肝心な生徒の「読みの速さ」に関する調査が抜けてしまったということは少なくありません。もちろん,フレーズ・リーディングの出来具合や使用するストラテジーの種類は英語を読む速さに影響を及ぼす重要な要素と考えられます。しかし,上記の仮説を検証するためには,やはり,まずは生徒の「英文読書量」と「読みの速さ」の関係を中心に調査すべきでしょう。その上で,もしも必要であれば,フレーズ・リーディングの出来具合や使用するストラテジーの種類などを調査し,その結果が英文読書量あるいは読みの速さとどう関連しているのかを明らかにすることによって,より詳しく仮説を検証することができます。

一方,「生徒の英語を読む量を増やせば,意味のまとまりごとに英文を理解し,フレーズ・リーディングを行うことができるようになり,その結果,英語を読む速さが速くなるだろう」という仮説を設定した場合には,もちろん必要な調査項目は前に述べた例とは異なってきます。この仮説を検証するためには,生徒の「英文読書量」,「フレーズ・リーディングの出来具合」,そして「読みの速さ」に関する調査を実施し,この3つの調査結果の関係を探る必要があるでしょう。

このように,まず設定した仮説を注意深く読み直し,それを検証するためには何を調査する必要があるのかという調査項目を明確にすることが大切です。その際には,Step 3で説明した通り,生徒の情意面と技能面の2つの側面について,それぞれ必要な調査を実施することも忘れないようにして下さい。

2.3. 調査方法の決定

調査項目を決定できたら,次は各調査項目に関して最も適切な調査方法は何かを考えます。

まずは,各調査項目の内容を踏まえて,活用できるデータの種類を検討するとよいでしょう。つまり,量的データと質的データのどちらか,あるいはその両方を組み合わせて活用するのかを決定します。そして,Step 3予備調査で紹介した3つに分類されたデータ収集の方法を再び参考にし,各調査項目に応じた最も適切な調査方法を選択して下さい。

こうして調査項目と調査方法を決定することができたら,それによって本当に意図するデータが収集できるのかどうかを再確認しておきます。例えば,生徒の英文読書量を調査するといっても,ある一定期間に生徒に教科書を使って精読したペー

ジ数を報告させるのか，多読用副教材を使って大まかな内容をとらえながらざっと読んだ単語数を報告させるのか，あるいは読み方は問わずに読んだ英文のページ数の合計を報告させるのかによって，当然その調査結果に違いが出てきます。ですから，この場合英文を読むということをどのように定義し，その量をどのように測定し数値化するのかを事前に明確にしておかなければなりません。こういった点が曖昧なままでは，得られたデータの表す意味も不明確となり，正確に仮説を検証することができなくなってしまいます。

このように仮説を検証するためには，何を調査するのかという調査項目だけではなく，どのように調査するのかという調査方法についても具体的に明らかにし，仮説を検証するために役立つデータを適切に収集するよう注意して下さい。その際，統計の利用法やデータの分析方法に関しては，清川英男『英語教育研究入門』（大修館書店）や，鎌原雅彦他『心理学マニュアル：質問紙法』（北大路書房）などがわかりやすく大変参考になります。

2.4. 調査計画の立案

仮説検証のための調査においても，予備調査と同様に事前に入念な計画を立案し，必要な調査を漏らさずに計画的に実施することが大切です。したがって，これまでの説明を参考に，**ワークシート 13**（次ページ）を活用して，仮説を検証するための調査計画を立案してみましょう。ただし，この調査計画についても，実際に実施可能な計画にするよう注意して下さい。

いったん計画が立案できたら，調査の日程，方法などに実施不可能な点はないか再確認しておくとよいでしょう。また，前にも説明した通り，仮説を検証するためには，この Step での調査結果を Step 3 の予備調査の結果と比較して分析する必要がありますので，Step 3 予備調査の説明も参考にするとよいでしょう。

<ワークシート 13 活用法>
(1) Step 5（57 ページ）で設定した仮説を記入します。
(2) 各調査項目について，調査方法，調査の実施日，所要時間，検証する仮説の番号を決定し，記入します。

2.5. 調査計画の実行とデータの集計・分析

仮説検証のための調査計画を立案できたら，それに従って計画的にすべての調査を実施し，データの集計・分析を行います。

データを集計・分析する際には，量的データと質的データの違いに注意する必要

2. Step 8 検証

◆ワークシート13　仮説検証の調査計画

仮説1	
仮説2	
仮説3	

No	調査項目 （内容）	調査方法	実施日	所要時間	検証仮説
1					
2					
3					

<記入例は p.80 参照>

があります。

　各種英語試験の成績やアンケート調査で回答を数値化できるものは，量的データとして扱い，新たな指導実践の実施前後の数値の分布状況，平均点，最高点，最低点などを比較することによって，生徒の英語力や意識の変化を明らかにすることができます。つまり，指導実践の実施前後の2つの調査結果を比較し，生徒の英語力や意識にどのような変化があったのかを分析します。その際，新たな指導実践の効果をより客観的に示すために，t 検定などの統計的な分析方法を活用することが多いです。ただし，統計的に確認された効果であっても，それは試みた指導実践だけによるものとは限りません。授業内外のその他のさまざまな要因による影響も否定できませんので，新たな指導実践と確認された効果との因果関係について最終的に結論づけることは慎重に行うべきでしょう。

　一方，教員による授業記録（Journal の記録），インタビューやアンケート調査で得られた生徒の意見や感想などは質的データとして扱い，数値では捉えにくい生徒

の反応や様子を把握するために活用します。ただし，質的データは，量的データと異なり数値化して処理をすることができないため，データ量が多くなりがちであり内容も複雑になることから，その分析がより難しくなります。まずは，収集された質的データのすべてを丁寧に読み直し，多くの生徒が共通して持つ意見や感想などを基に，新たな指導実践の効果や問題点に関する大まかな傾向や特徴を探し出すとよいでしょう。このとき，収集された質的データの中には，教員の予想や期待と一致するものもあれば，それに反するものもあるはずです。ですから，先入観を持たずにデータを分析・解釈するよう注意することが大切です。

このように，量的データと質的データの違いを踏まえて，それぞれ適切な方法でデータを集計・分析し，新たな指導実践に対する生徒の反応や様子あるいはそれによる生徒の変化を明らかにし，仮説の検証に役立てます。

2.6. 調査結果のまとめと仮説の検証

仮説検証のためのすべての調査を実施し，そのデータを集計・分析したら，その結果をまとめて，各仮説を検証します。

まずは，調査方法ごとに収集されたデータを整理し，そのデータの示す大まかな傾向を探し出すとよいでしょう。そして，その結果を基に該当する仮説について，期待通りの効果が得られたと言えるのかどうかを判断します。さらに，1つの仮説に関して2つ以上の調査方法を利用している場合には，すべての調査結果を仮説ごとにまとめ，その結果を総合的に評価し，各仮説を検証します。

しかし，このとき，実施した調査の結果がすべて一致した結果とはならず，実際には矛盾する結果となる場合が少なくありません。例えば，生徒に対するアンケート調査では，新たな指導実践に対する好意的な反応が確認できたにもかかわらず，英語力を測定する試験では期待通りの効果が得られなかったり，あるいは設定された複数の仮説のうち，いくつかは支持されたが，他は支持されなかったということが考えられます。特に，調査項目の数が多い場合や複数の仮説を設定した場合には，収集されるデータの種類も多くなり，このように矛盾する結果が得られることが多くなってしまいます。

このような場合には，当然1つだけの明確な結論を導き出すことは難しくなりますので，どういう点でどの程度一致した結果が得られたのか，あるいは矛盾する結果になった原因や理由にはどのようなことが考えられるのかを明らかにすることが大切です。つまり，アクション・リサーチでは，仮説を検証する場合には，1つの明確な結論を導き出すことよりも，収集されたデータの分析結果を基に，試みた指導実践がどの部分でどの程度成功し，さらに改善を要する点があるとすればそれは何なのかを明らかにすることが大切なのです。そうすることによって，次の Step 9 での内省をより深く行うことができるようになります。

2. Step 8 検証

それでは，**ワークシート 14** を活用して，すべての調査結果をまとめて，各仮説を検証しましょう。

> **＜ワークシート 14 活用法＞**
> (1) Step 5（57 ページ）で設定した仮説を記入します。
> (2) 各仮説について，調査項目・方法ごとに調査結果をまとめます。
> (3) 各仮説について，調査項目・方法ごとの調査結果を踏まえて効果を検証し，その結果「支持された：○」「支持されなかった：×」を記入します。

◆ワークシート 14　検証結果

仮説 1	
仮説 2	
仮説 3	

仮説	調査項目	調査方法	調査結果	検証
1				
2				

3				

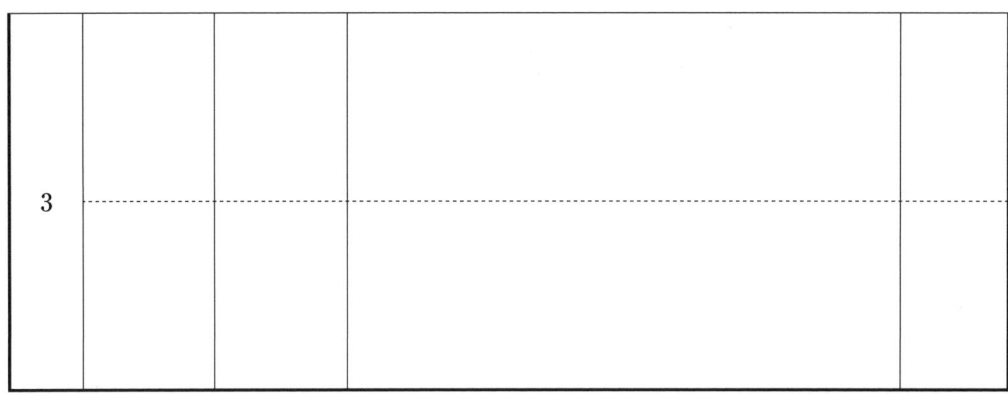

<記入例は p.82 参照>

2.7. Step 8 から Step 9 へ

Step 8 では，仮説を検証するために必要な各種調査を実施し，収集されたデータを集計・分析し，その結果を整理してまとめました。仮説の検証結果をまとめること自体が内省を深めることになりますが，Step 9 ではこの検証結果を基に新たな指導実践を振り返り，本格的に内省を深めます。

● 実践例 ●　　　　　　　　　　　　　　　　　　　　　　　　　　　　**Step 8**

① 仮説検証のための調査計画の立案

新たな指導実践をすべて終了した時点では，今回の試みはおおむね成功したという感想を持ったが，本当に仮説通りの効果が得られたのかどうかについては疑問が残った。そこで，試みた指導実践の効果を確認するため，**ワークシート 13（例）**（次ページ）の通り，仮説検証のための調査計画を立案した。

仮説の検証に関しては，ライティング・テストと書く活動に対する生徒による自己評価の結果を活用することにした。まず，生徒のライティング力がどれだけ向上したのかを確認するため，予備調査と同じ方法でライティング・テストを実施することにした。また，アンケート調査を実施し，今回行った書く活動に対する生徒の自己評価を記入させ，英語で書いて表現することの出来具合に関する生徒の認識を探ってみることにした。

2. Step 8 検証

【ワークシート 13（例）】 仮説検証の調査計画

仮説1	授業で学習した重要表現を使って自分の言いたいことを英語で書いて表現する練習を行うようにすれば，生徒の英語を書く力が向上し，自分の言いたいことを英語で書いて表現できるようになる。				
仮説2	ある程度まとまりのある英文で自分の言いたいことを書いて表現する練習を行うようにすれば，生徒の英語を書く力が向上し，4〜5文以上のまとまりのある英文で自分の言いたいことを書いて表現できるようになる。				
No	調査項目（内容）	調査方法	実施日	所要時間	検証仮説
1	ライティング力	ライティング・テスト	7月10日	約15分	1, 2
2	書く活動に対する生徒の自己評価	アンケート調査	7月10日	約10分	1, 2

② 調査計画の実行とデータの集計・分析

計画通り2つの調査を実施し，その結果は次の通りであった。

(1) ライティング・テスト

7月10日の授業で，予備調査と同様の方法で，ライティング・テストを実施した。つまり，予備調査と同じテーマ「学校生活」について15分間で自由英作文をさせた。予備調査と今回の2つのライティング・テストの結果をまとめたものが，表6である。これにより，生徒が書いた英作文の評価は，クラスの平均値が指導実施前後で2.88から3.96へと向上していることがわかった。この2つの平均値の差についてt検定を行ったところ，有意な差が確認された（$t(23) = 18.80, p < .01$）。したがって，今回の指導実践の実施前後で生徒の書く力が伸びたと言えることがわかった。ただし，このライティング・テストは同じテーマで行ったため，本当は生徒の書く力が伸びたのではなく，単なる繰り返しによる影響であることも否定できない。よって，本当に生徒のライティング力が向上したのかどうかを検証するためには，今後は異なるテーマを与えて生徒の英語による表現力を測定する必要があると思った。

〈表6〉 ライティング・テストの結果 （N = 24） 　　　　　人数（％）

実施日	評価					平均	標準偏差
	1	2	3	4	5		
5月12日	0 (0)	7 (29)	13 (54)	4 (17)	0 (0)	2.88	0.68
7月10日	0 (0)	0 (0)	6 (25)	13 (54)	5 (21)	3.96	0.69

(2) 書く活動に対する生徒の自己評価

7月10日の授業で、アンケート調査を実施し、生徒に書く活動に対する自己評価を記入させた。その結果は、表7の通りであった。これによると、クラス全員が、今回の書く活動において「とてもよくできた」あるいは「まあまあできた」というように肯定的に自己評価をしており、授業で学習した重要表現を活用して、話の流れを考えながら自分の言いたいことを英語で書いて表現することができたと高く評価をしていることが確認できた。

また、自由記述の回答でも「今までよりも英語が書けるようになった気がする」「ペアで英語の発表をするのは楽しい」など、今回行った指導実践に対する好意的な回答が見られた。一方、「自分が書いた英文が正しいのか気になることがあった」「単語がわからなくて困ることが多かった」などの回答も見られ、英文を書く際の生徒の文法力や語彙力の不足に対する指導の工夫がさらに必要であることがわかった。

●自己評価項目
1. 授業で学習した重要表現（不定詞）を活用して、自分の言いたいことを英語で書いて表現することができたか。
2. 話の流れを考えながら、自分の言いたいことを英語で書いて表現することができたか。

　　A　とてもよくできた　　　B　まあまあできた
　　C　あまりできなかった　　D　全くできなかった

〈表7〉 自己評価結果（N = 24）　　　　人数（％）

項目	回答			
	A	B	C	D
1	16 (67)	8 (33)	0 (0)	0 (0)
2	13 (54)	11 (46)	0 (0)	0 (0)

③ 調査結果のまとめと仮説の検証

これまでは調査方法ごとにデータの集計・分析結果をまとめてきたが、ここではワークシート14を活用して、仮説ごとに調査結果の概要をまとめ、各仮説を検証してみることにした。その検証結果は、**ワークシート14（例）**（次ページ）の通りである。

このように仮説の検証結果をまとめることは、自分が試みた指導実践の実際の効果を客観的にそして総合的に把握するためにとても役立った。次にStep 9へ進み、自分のリサーチと指導に対する内省をさらに深めてみることにした。

3. Step 9　内省

【ワークシート 14（例）】　検証結果

仮説 1	授業で学習した重要表現を使って自分の言いたいことを英語で書いて表現する練習を行うようにすれば，生徒の英語を書く力が向上し，自分の言いたいことを英語で書いて表現できるようになる。
仮説 2	ある程度まとまりのある英文で自分の言いたいことを書いて表現する練習を行うようにすれば，生徒の英語を書く力が向上し，4～5文以上のまとまりのある英文で自分の言いたいことを書いて表現できるようになる。

仮説	調査項目	調査方法	調査結果	検証
1	ライティング力	ライティング・テスト	クラスの平均値が指導実施前後で2.88から3.96へと向上していることがわかった。この2つの平均値の差について t 検定を行ったところ，有意な差が確認された（$t(23) = 18.80, p < .01$）。したがって，指導実施前後で，生徒の英語を書く力が伸びたと言えることがわかった。	○
1	書く活動に対する生徒の自己評価	アンケート調査	「授業で学習した重要表現（不定詞）を活用して，自分の言いたいことを英語で書いて表現することができたか」という質問に対して，7割近くの生徒が「とてもよくできた」と回答し，また全員が肯定的な回答をした。	○
2	ライティング力	ライティング・テスト	仮説1の結果に同じ。	○
2	書く活動に対する生徒の自己評価	アンケート調査	「話の流れを考えながら，自分の言いたいことを英語で書いて表現することができたか」という質問に対して，半数以上の生徒が「とてもよくできた」と回答し，また全員が肯定的な回答をした。	○

●成功の秘訣 8

　仮説の検証は，必要なすべての調査を欠かすことなく実施する必要がありますので，事前に入念な計画を立て各種調査を計画的に実施することが大切です。

　また，すでに説明した通り，仮説を検証するためには，Step 8の調査結果とStep 3の予備調査の結果を比較することによって，生徒の変容を明らかにすることが必要です。ですから，Step 3の段階で，仮説の検証に関する見通しをある程度立てておく方がよいでしょう。初めてアクション・リサーチを実践する場合には，これはなかなか難しいことですが，リサーチの手法に慣れることによって，次第に仮説の検証と関連づけて予備調査を計画・実施することができるようになるでしょう。

3. Step 9　内省

> 🎬活動内容
> （1）試みた指導実践に対する内省を深める
> （2）試みた指導実践の効果と問題点を明らかにする
> （3）実践したリサーチに対する内省を深める

　Step 9 では，Step 8 での仮説の検証結果を踏まえて，試みた指導実践をさまざまな角度から振り返り，その効果と問題点を明らかにします。

3.1. 内省を深める

　内省とは，自分自身の行った指導実践を振り返ることです。それは，アクション・リサーチの中心となる重要な活動ですが，自分の指導実践に対する内省を深めることは簡単なようでなかなか難しいものです。そこで，ここでは内省を深めるために心がけておきたい点について説明をしておきます。

　どんな教員にも，理想的な授業はこうあるべきだというように教師としての信念や理想があると思います。大変な時間や労力をかけて，アクション・リサーチを実践し，授業改善を図りたいと願う教員であれば，なおさらその信念や理想は強く高いものであるに違いありません。もちろん，教員として質の高い教育を実現するためには，強い信念と高い理想を持つことはとても大切なことです。しかし，その信念や理想に強く縛られすぎてしまうと，自分の予想や考えに反する調査結果となった場合にもそれを素直に受け入れられず，内省を深めることができなくなってしまうことがあります。ですから，自分の試みた指導実践を振り返るときには，先入観を捨て冷静に調査結果を解釈するよう心がける必要があります。時には，自分の信念や理想でさえも，それが本当に生徒の現状に合っているのかどうかを批判的に見直すことが必要になるかもしれません。このように，内省を深めるためには，自分の持つ信念や理想に縛られることなく，客観的に調査結果を眺め，自分の指導実践を振り返ることが大切です。

　また，教員という視点からだけでなく，生徒の視点，同僚や先輩教員あるいは他の研究者などの視点から，自分の指導実践を振り返るよう心がけることも大切です。教員に限らず誰でも自分の置かれている立場からのみ物事を捉えがちになってしまいます。ですから，積極的に他者からの意見やアドバイスを受けるよう心がけ，常に自分とは異なる視点から客観的に調査結果を眺められるよう工夫する必要があります。そのためには，次の Step 10 でリサーチの経過と結果をまとめて発表をし，

3. Step 9　内省

他者との意見・情報交換をする機会を持つことが大切ですが，それだけに限らず自分の指導実践について日常的に他者と意見・情報交換を図ることが最も望ましいことと言えるでしょう。

　アクション・リサーチを実践した結果，期待通りの効果が得られた時には，教員はそれまでの苦労をすべて忘れてしまうほどの大きな喜びと充実感を感じることができるに違いありません。しかし，その場合にも単に効果が得られたことを喜ぶだけではなく，その効果は十分なものと言えるのか，さらに効果を上げるためには新たにどのような工夫が必要なのかなどを考え，より深く内省を行いさらなる授業改善への道を探ることが大切です。

　一方，期待通りの効果が得られなかった時にも，単にその結果に落胆しているだけではなく，その結果を手がかりに自分の試みた指導実践に対する内省を深めることが大切です。つまり，なぜ期待通りの効果が得られなかったのかという原因や理由を探し出し，さらにはその問題点の解決策を探ることが大切です。そうすることによって，試みた指導実践に改良を加え，さらなる授業改善を実現することができるに違いありません。このように，内省を深めるためには，確認された効果だけに目を向けるのではなく，むしろ予想と異なる結果となってしまった点にこそ注意を払う必要があることを忘れてはいけません。

3.2.　試みた指導実践の効果と問題点

　これまでの説明を参考に，**ワークシート15**を活用して，Step 8での仮説の検証結果を踏まえて，試みた指導実践に対する内省を深め，その効果と問題点を明らかにしましょう。

> ＜ワークシート15活用法＞
> 　ワークシート14の検証結果を基に，各仮説と関連する新たな指導実践に対する内省を深め，それらの効果的だった点と改善を要する点を探し出し，記入します。

3.3.　リサーチに対する内省

　ワークシート16には，内省を促す8つの質問を用意しています。これらの質問に回答し，試みた指導実践だけではなく，今回実践したリサーチ全体を振り返り，さらに内省を深めてみましょう。

> ＜ワークシート16活用法＞
> 　各質問に対する回答を考え，簡潔にその答えを記入します。

◆ワークシート15　内省

仮説	効果的だった点	改善を要する点
1		
2		
3		
4		

<記入例は p.87 参照>

◆ワークシート16　内省を促す8つの質問

1	新たな指導実践は，計画通りに実施できましたか。 （はい・いいえ）
2	(1で「いいえ」と回答した場合) なぜ計画通りに実施できませんでしたか。
3	設定した仮説について，どのような点が支持され，どのような点が支持されませんでしたか。
4	支持されなかった仮説があった場合，どのような原因・理由が考えられますか。

3. Step 9 内省

5	今回リサーチを実践してみて，どのような問題点が明らかになりましたか。
6	今回明らかになった問題点を解決するために，どのようなことができると思いますか。
7	今回リサーチを実践してみて，どのようなことを発見できましたか。
8	今回リサーチを実践してみて，どのような感想を持ちましたか。

<記入例は p.87 参照>

3.4. Step 9 から Step 10 へ

Step 9 では，仮説の検証結果を基に新たな指導実践に対する内省を深め，その効果と問題点を明らかにしました。続いて，リサーチ・サイクルの最終段階となる Step 10 では，リサーチの経過と結果をまとめて発表します。

● 実践例 ●　　　　　　　　　　　　　　　　　　　　　　　　　　　**Step 9**

① 試みた指導実践に対する内省

　仮説検証のための調査をすべて終了し，その検証結果がまとまったところで，今回新たに試みた書くことの指導の効果と問題点を明らかにするため，自分自身でその指導実践を振り返ってみた。

　まず，ワークシート 15 を活用して，自分が試みた書くことの指導の効果的だった点と改善を要する点をまとめてみた。その結果は，**ワークシート 15（例）**の通りである。

今回試みた指導実践を振り返ってみると，やはり自分の言いたいことを何とか英語で表現しようとする生徒の熱心な姿がとても印象的であった。このように英語を書いて表現する機会をできるだけ多く生徒に経験させ，英語を使って表現することへの抵抗感を減らし，それを楽しむことができるよう，さらに指導を工夫していきたいと思った。

② リサーチに対する内省

続いてワークシート 16 を活用して，今回実践したリサーチ全体を振り返ってみた。その結果は，**ワークシート 16（例）** の通りである。

【ワークシート 15（例）】 内省

仮説	効果的だった点	改善を要する点
1	あらかじめ質問を用意することによって，生徒はそれに答える形で英文を作ることができ，重要表現を活用して自己表現をする練習を比較的容易に行うことができた。生徒は楽しみながら英語を書いて表現したり，友達の発表を興味を持って聞いていた。	重要表現を使いこなすことができるようになるまでにはまだ十分な練習量が確保できているとは言えない。
2	話の流れを考えながら，ある程度まとまりのある英文を書く機会を生徒に提供することができ，生徒の英語を書く力を向上させることができた。	ある程度まとまりのある英文を書く際に，生徒の文法力や語彙力の不足を補うための効果的な支援方法にはどのようなものがあるかを探る必要がある。

【ワークシート 16（例）】 内省を促す 8 つの質問

1	新たな指導実践は，計画通りに実施できましたか。 （(はい)・いいえ）
2	(1で「いいえ」と回答した場合) なぜ計画通りに実施できませんでしたか。
3	設定した仮説について，どのような点が支持され，どのような点が支持されませんでしたか。 ＜仮説1＞ 授業で学習した重要表現を活用して英語を書く練習を行ったところ，生徒の英語を書く力が向上した。 ＜仮説2＞ ある程度まとまりのある英文を書く練習を行ったところ，生徒の英語を書く力が向上した。

4. Step 10　発表

4	支持されなかった仮説があった場合，どのような原因・理由が考えられますか。
	今回行った指導実践の効果を検証するためにライティング・テストを実施したが，同じテーマで自由英作文をさせたため，厳密に言うと，クラスの平均値の向上が本当に生徒の書く力が伸びたためなのか，それとも単なる繰り返しによる影響なのかを明らかにすることはできなかった。今後は異なるテーマを与えて生徒の英語による表現力を測定する必要があると思った。
5	今回リサーチを実践してみて，どのような問題点が明らかになりましたか。
	・英文を書く練習がまだ十分に与えられているとは言えない。 ・生徒がある程度まとまりのある英文を書いて表現する際に，教師からの支援がまだ十分にできたとは言えないと思った。生徒が言いたいことをもっと自由に英語で表現できるよう，効果的な支援のあり方を探っていきたい。
6	今回明らかになった問題点を解決するために，どのようなことができると思いますか。
	・今後も引き続きできるだけ多く英文を書いて表現する機会を生徒に与えていく必要がある。その際，書く練習は指導に時間がかかるためどうしても後回しになりがちである。長期的な計画を立てて，定期的にある程度まとまりのある英文を書かせる指導を取り入れていくことが大切である。 ・教師から生徒への書くことの支援のあり方については，今後は生徒に書く練習を積ませるだけではなく，教師が生徒をよく観察しながら効果的な支援の内容と実施方法を探っていくことが大切である。
7	今回リサーチを実践してみて，どのようなことを発見できましたか。
	実際に英語を使って表現する機会を生徒に与えることによって，英語で表現することの楽しさを体験させ，英語学習に対する満足感・達成感を高めていくことがとても大切であると改めて気づかされた。
8	今回リサーチを実践してみて，どのような感想を持ちましたか。
	これまでも，自分なりにリサーチ・クエスチョンや仮説を持ちながら日々の授業に取り組んできたつもりだったが，なかなか時間的な余裕がなく，ある1つの試みを実践したことだけで満足して終わってしまったことが多いのも事実であると思った。自分の実践した指導がどれだけ有効であったのかを客観的に分析し，それを次の指導に活かしていくことが実はとても重要な作業であるということを今回のリサーチの実践を通して実感した。また，生徒の声を聞いたり，自分の指導実践を振り返ったりすることは，普段やっていることのようでも実は意外と抜け落ちていた部分であると気づかされた。

● 成功の秘訣 9 ○

　内省を深めることは，アクション・リサーチの中心となる重要な活動の1つと言えます。授業改善を図るためには，さまざまな角度から試みた指導実践を見直し，その効果と問題点を明らかにすることが欠かせません。しかし，現実には，多忙な教員にとって自分の試みた指導実践についてゆっくりと内省を深める時間を持つ余裕はあまりないかもしれません。それならば，短い時間でも構いませんので，定期的に内省のための時間を作るよう工夫をしてみてはどうでしょう。自分の1日のスケジュールを見つめ直し，自由になる時間を探し出し，その時間を内省の時間として設定するとよいでしょう。例えば，通勤の電車の中，お昼休みにお弁当を食べながら，あるいは毎晩お風呂でお湯につかりながらその日の授業を振り返るというのもよいのではないでしょうか。

4. Step 10　発表

> 活動内容
> (1) リサーチの概要を作成する
> (2) 研究発表の計画を立案する
> (3) 研究発表の準備をする
> (3) 研究発表をする
> (4) 研究発表の結果を踏まえて，さらに内省を深める

　Step 10 では，アクション・リサーチの最終段階として，これまでのリサーチの経過と結果をまとめて発表します。この発表を通して，他者との意見・情報交換を行い，リサーチの結果に対する内省をさらに深めるとともに，新たなリサーチ・サイクルを開始するための手がかりを得ることもできます。

4.1. 研究発表の目的

　アクション・リサーチの最終段階として，これまでのリサーチの経過と結果をまとめて発表する目的は，(1) 試みた指導実践に対する内省をさらに深めること，(2) リサーチの経過や結果を多角的に捉えること，(3) さらなる授業改善につながる情報を収集すること，(4) さらなる授業改善の方法を探ることの4つです。

　まず，発表を行うためには，これまで実践してきたリサーチの流れをもう一度見直し，その概要を作成する必要があります。実は，この概要を作成すること自体が，内省を深めることにつながります。発表では，自分の担当授業の中で，どのような問題点に気づき，それに対してどのような試みを実施し，その結果はどうなったの

かを，授業に参加したことのない第三者にも理解できるようわかりやすく説明しなければなりません。これは決して容易なことではありませんが，この発表準備をすることによって，自分が実施してきたリサーチの流れや結果を再確認できるだけではなく，試みた指導実践の効果や問題点などについて，それまでに気づかなかったことを新たに発見することもできるでしょう。

しかし，自分1人だけではなかなか十分に内省を深めることができないというのも事実です。アクション・リサーチの実践過程においては，クラスの現状をできるだけ正確に把握し，最も効果的だと考えられる改善策を選択し，それを最も適切な方法によって実行するなど，教員には常に指導上の適切な判断と決断が求められます。しかしその一方で，教員の下した判断や決断が本当に適切なものであったのかどうかを確認する機会はほとんど与えられていません。ですからこのStep 10で，自分が実践したアクション・リサーチの概要を紹介し，他者との意見・情報交換を図ることによって，リサーチの各場面における自分の判断，決断あるいは分析，解釈などが本当に適切であったのかどうかを確認することはとても大切なことです。このように，リサーチの概要を発表し，他者と意見・情報交換を図ることによって，自分の行ったリサーチの結果を多角的に捉え，自分1人で行うよりもさらに深く内省をするよう心がけるとよいでしょう。

また，他者との意見・情報交換をすることによって，自分が試みた指導実践以外にも効果的な改善策を知っている人がいれば，それに関する情報を得ることもできるでしょう。そして，それを手がかりにさらなる授業改善の方法を探ることもできますし，他の教員や研究者と自分の授業の改善方法について話し合うこともできるでしょう。

このように，アクション・リサーチの発表では，これまで述べてきた4つの目的をしっかりと理解した上で，リサーチの経過と結果のすべてを他者と共有することが大切です。

4.2. リサーチ概要の作成

早速，アクション・リサーチの概要をまとめてみましょう。まずは，**ワークシート17**（92ページ）を活用して，リサーチの経過と結果のすべてを書き出してみて下さい。その際には，これまで使用したすべてのワークシートに記入されている内容を参考に，リサーチの開始から終了までの各Stepにおけるポイントを簡潔にまとめるとよいでしょう。

<ワークシート17活用法>
(1) 研究の背景
　　学校，授業科目，クラスなどを紹介したり，アクション・リサーチを実践するきっかけや目的など，研究の背景をまとめます。
(2) 授業の現状
　　Journal の記録，授業観察の結果などを参考に，リサーチ開始時の授業の現状をまとめます。
(3) テーマの明確化
　　設定した Research Question をまとめます。
(4) 予備調査
　　予備調査の項目，方法，結果と新たな発見や疑問などをまとめます。
(5) トピックの絞り込み
　　設定したリサーチ・トピックをまとめます。
(6) 仮説設定
　　設定した仮説をまとめます。
(7) 計画
　　新たな指導実践に関して，目的，実践期間，頻度，活動時間，方法・手順など実施計画をまとめます。
(8) 実践
　　計画通りに実施できた点や実施できなかった点とその原因・理由などを中心に，新たな指導実践の実施状況をまとめます。
(9) 検証
　　仮説検証のための調査項目，方法，結果をまとめ，予備調査の結果との比較分析結果をまとめます。
(10) 内省
　　仮説の検証結果を踏まえて，期待通りの効果が確認できた点や確認できなかった点とその原因・理由，さらに改善を要する点などを中心に，新たな指導実践に対する内省の結果をまとめます。
(11) まとめ
　　アクション・リサーチを実施した感想，新たに発見した疑問点や問題点，さらなる授業改善の方法，次のリサーチ・サイクルを開始するための手がかりなどを中心に，リサーチの1サイクルの結論をまとめます。

4. Step 10　発表

◆ワークシート 17　アクション・リサーチの概要

タイトル：　　　　　　　　　　　　　　　　　　所属： 　　　　　　　　　　　　　　　　　　　　　　氏名：
1. 研究の背景
2. 授業の現状
3. テーマの明確化
4. 予備調査
5. トピックの絞り込み

6. 仮説設定

7. 計画

8. 実践

9. 検証

10. 内省

11. まとめ

<記入例は p.99 ～参照>

4.3. 研究発表の計画立案から結果のまとめまで

　リサーチの概要を作成できたら，研究発表の計画を立案しますが，その前に発表形式の違いを説明しておきます。

　研究発表には，英語教育関係の学会や研究会あるいは勤務校での勉強会などにおいて口頭発表をする場合と，実践報告や学術論文として出版物を発行する場合の，主に2つの形式が考えられます。口頭発表をする場合は，その場で参加者からの質問に答えることができますし，リサーチに対する貴重な意見やアドバイスを直接受けることもできます。しかし，その場に参加している人としかリサーチの結果を共有することができません。一方，実践報告や学術論文として発表をする場合には，日時を調整して特定の場所に集合する必要がなく，時間的・地理的な制約を受けずに，より広い範囲のより多くの読者とリサーチの結果を共有することが可能になります。ただし，読者からの意見やアドバイスを直接受けることは難しくなってしまいます。

　このように，どちらの発表形式にも長所と短所がありますので，それらを理解して発表形式を選択するとよいでしょう。もちろん，前に説明した発表の4つの目的を達成するという意味では，口頭発表と実践報告・学術論文の作成という両方を組み合わせて行う方が望ましいことは言うまでもありません。

　それでは，**ワークシート18**を活用して，研究発表の計画を立案してみましょう。

　そして，研究発表の計画を決定できたら，発表の形式に合わせてその準備を行います。すでに作成してあるリサーチの概要を基に，口頭発表を行う場合には，制限時間を踏まえて発表資料を作成し，実践報告・学術論文を作成する場合には，その原稿を完成させるとよいでしょう。

　さらに，研究発表の準備ができたら，いよいよ自分の行ったリサーチの経過と結果を発表します。前に説明した4つの目的を達成できるよう，計画的に研究発表を行って下さい。また，研究発表終了後には，再び**ワークシート18**を活用して，その結果をまとめ，リサーチに対する内省をさらに深めます。さらに，発表の結果を踏まえて，必要があれば作成したリサーチの概要（ワークシート17）を加筆・修正します。

4.4. Step 10 から次のリサーチ・サイクルへ

　Step 10 発表が終わると，これでアクション・リサーチの1サイクルのすべてが終了したことになります。しかし，研究発表を通じて得られた他者からの意見やアドバイスを踏まえて，リサーチ全体をもう一度見つめ直すことを忘れてはいけません。そうすることによって，内省をさらに深めさらなる授業改善に向けて，引き続き次のリサーチ・サイクルへ出発する手がかりを見つけることができるでしょう。

> **＜ワークシート18活用法＞**
> (1) 発表形式を口頭発表または報告書・論文の作成・発行のどちらか一方あるいは両方にするかを決定します。
> (2) 計画については，口頭発表であれば，日程，場所，主催団体名などを，報告書・論文の作成・発行であれば，掲載誌名，発行団体名，原稿締切日などを記入します。
> (3) 研究発表終了後，発表を通して得られた有益な情報・資料あるいは新たな発見，疑問，感想などを記入します。
> (4) さらに，発表の結果を踏まえて，必要があればワークシート17の「10. 内省」や「11. まとめ」などを加筆・修正します。

◆ワークシート18　研究発表の計画と結果

1. 計画	
Ⅰ. 口頭発表	Ⅱ. 報告書・論文の作成・発行
・日程，場所，主催団体名など	・掲載誌名，発行団体名，原稿締切日など

2. 結果	
Ⅰ. 口頭発表	Ⅱ. 報告書・論文の作成・発行
・有益な情報・資料など	・有益な情報・資料など
・新たな発見，疑問，感想など	・新たな発見，疑問，感想など

<記入例は p.97 参照>

4. Step 10　発表

● 実践例 ●　　　　　　　　　　　　　　　　　　　　　　　　　　　　Step 10

① リサーチ概要の作成

　4月から3ヶ月以上に渡ってアクション・リサーチを実践してきたが，最後にこれまでのリサーチの経過と結果をまとめて発表する段階になった。
　まず，これまでのリサーチの経過を振り返り，ワークシート17を活用してその概要を作成した。この概要を作成するだけでも，新たに気づくことや疑問に思うことがあったが，実践した指導に関するさまざまな出来事や生徒の反応などをなつかしく思い出しながら，リサーチを振り返ることができた。作成したリサーチの概要は，**資料1**（99ページ）の通りである。

② 研究発表の計画・準備から結果のまとめまで

　今回は，教員研修の一環としてアクション・リサーチに取り組んだので，そこに参加している全教員が最終的にリサーチの経過と結果を互いに報告し合うことになっていた。そこで，私も**ワークシート18（例）**の通り，作成したリサーチの概要を基にリサーチの成果を発表し，他の教員と意見・情報交換を行った。お互いに同じ地域の中学校で英語を教えていながらも，これまでは自分の授業実践について話し合う機会がほとんどなかったので，この報告会はとてもよい意見・情報交換の場となった。そして，研究発表終了後，その結果をまとめ，リサーチ概要の「10. 内省」と「11. まとめ」を加筆・修正した。

③ リサーチを終えて

　こうして，アクション・リサーチの1サイクルを最初から最後まで初めてやり遂げることができた。決して単純な道のりではなかったが，今までになく自分の授業を深く振り返り，多くの発見をすることができた。今後もアクション・リサーチの実践を継続していきたいと思った。とはいえ，個人レベルでアクション・リサーチを実践するのはとてもパワーのいることでなかなか難しいことだと思った。今回は，教員研修の一環として行ったので，周りの先生方と相談しながらリサーチを進めることができたのがとてもよかったと思う。

●成功の秘訣10○──────────────────────────────●
　もちろん，リサーチのあらゆる場面において，できるだけ頻繁に他者との意見・情報交換を図ることが望ましいのは言うまでもありません。しかし，実際には，リサーチの途中では教員自身の考えが明確にまとまっていなかったり，気軽に意見・情報交換をで

【ワークシート18（例）】 研究発表の計画と結果

1．計画	
Ⅰ．口頭発表	Ⅱ．報告書・論文の作成・発行
・日程，場所，主催団体名など	・掲載誌名，発行団体名，原稿締切日など
8月20日（水） 13:00-16:00 教員研修：アクション・リサーチ報告会 全参加教員がアクション・リサーチの成果を報告し，お互いに意見・情報交換をする。	

2．結果	
Ⅰ．口頭発表	Ⅱ．報告書・論文の作成・発行
・有益な情報・資料など	・有益な情報・資料など
生徒が書いた英文を印刷してクラス全員に配布し，お互いの英文を読み合う時間を作るとよい，あるいは同じテーマを与えて再度英文を書かせたり，また関連する発展課題を与えて自分の考えをさらに深めてそれを英語で表現するというような指導を取り入れてもよいのではないかなど，今後の授業改善につながる貴重なアドバイスを他の教員から受けることができた。	
・新たな発見，疑問，感想など	・新たな発見，疑問，感想など
他の教員とリサーチの経過と結果を共有することによって，自分とは異なる視点から自分の試みた指導実践やリサーチを振り返ることができた。	

きる仲間が近くにいなかったり，そのような仲間がいたとしても日頃の忙しさからお互いに顔を合わせてゆっくりと話し合いをする時間が持てなかったりするなど，必要なときに他者からの適切な意見やアドバイスを得るのはなかなか難しいものです。ですから，アクション・リサーチの1サイクルを終了するにあたっては，少なくともそのまとめとしてリサーチの経過と結果を発表し，他者と意見・情報交換を図る機会を積極的に持つように心がけ，そこで得られた意見や情報を基に内省をさらに深めるようにするとよいでしょう。あまり大げさに考えず，自分が実践したリサーチの概要について同僚や先輩・後輩教員とごく簡単に意見・情報交換を図るだけでも，きっと新たな発見につながるはずです。

5. Phase Ⅳ Reflection まとめ

　Phase Ⅳでは，仮説を検証するために必要な各種調査を実施し，その結果を基に試みた指導実践に対する内省を深め，その効果と問題点を明らかにした上で，アクション・リサーチの経過と結果をまとめて発表しました。そして，この発表における他者との意見・情報交換を通して，さらに内省を深め新たなリサーチ・サイクルを開始する手がかりを探りました。

　こうして，アクション・リサーチの1サイクルを終了したら，その成果を活かして再び新たなリサーチ・サイクルを開始します。その際には，すでに現状把握ができていますので，Step 5 仮説設定から始めることができるでしょう。

6. リサーチを終えて

　第2部では，アクション・リサーチの実践方法について，その実施手順に従ってワークシートを用いながら詳しく説明をしました。これまでの説明を参考に，実際に自分の担当授業を対象とするアクション・リサーチを計画・実践していくことによって，その研究手法への理解を深め，授業改善を実現させることができると思います。アクション・リサーチの実践は，複雑で曖昧な点があり決して簡単ではありませんが，リサーチの実践を通して，自分の担当授業に潜む問題点を発見し，その効果的な解決策を探し出し，それを実行して，さらにその効果と問題点を明らかにすることができれば，非常に大きな満足感・達成感を感じることができるはずです。その上，リサーチ実施前と比べて，教員と生徒との信頼関係もより厚くなっていることに気づかされることでしょう。ただし，アクション・リサーチの1サイクルを終了すれば，それだけで理想的な授業を実現できるというわけではありません。1サイクル目に得られた成果を次のサイクルへつなぎ，新たな気持ちで再び授業改善の旅に出発することが大切です。きっと，次はさらに充実した旅を体験することができるはずです。このように，授業改善の旅は，終わりのない旅とも言えるのです。

　なお，本章末には，中学でのアクション・リサーチの概要に加えて，高校でのスピーキング指導，大学での多読指導に関するアクション・リサーチの概要もそれぞれ掲載してありますので，参考にして下さい。

　最後に第3部では，サポート編として，アクション・リサーチの実践とその支援を成功させるためのポイントをそれぞれ説明します。

資料1　ワークシート17（例）　アクション・リサーチの概要（中学校編）

タイトル： 　　　中学校における書くことの指導に関するアクション・リサーチ 　　　　　　　　　　　　　　　　　　所属：公　立　中　学 　　　　　　　　　　　　　　　　　　氏名：鴨　井　淳　一
1.　研究の背景
本校では，通常の2クラスを英語の習熟度によって普通クラスと発展クラスの2クラスに分けて授業を実施している。リサーチ対象クラスは，中学3年7・8組の発展クラスであり，合計24名（男子11名，女子13名）である。大変意欲的な生徒が多く，生徒が身につけた英語の基礎力をさらに伸ばし，自分の意見や考えを積極的に英語で表現できるようにするためにはどのような指導が必要なのかを探りたいと思ったのが，今回のリサーチを始めたきっかけである。
2.　授業の現状
Journalの記録によると，リサーチ開始時の生徒の様子は次の通りである。 4月23日（木） 教科書のdialogueを使ってロールプレイをさせると，生徒達はとても熱心に活動に参加し，ほとんど詰まることなく，スムーズにロールプレイができていた。 5月1日（火） 英語で外国の友達に手紙を書く活動を行ったが，話の流れを考えながら自分の言いたいことを英語で書いて表現することができず，それを楽しむことができていないようであった。
3.　テーマの明確化
短い英文であれば正しい語順で正確に書ける生徒が，話の流れを考えながらまとまりのある英文で自分の言いたいことを書いて表現できるようにするためには，どのような指導が必要か。
4.　予備調査
アンケート調査の結果によると，このクラスでは，英語を書くことは難しいと感じながらも，その力を伸ばしたいと思っている生徒が多いことがわかった。また，ライティング・テストの結果では，クラスの平均値が2.88（5.00満点）と予想以上に低く，自分の言いたいことを英語で書いて表現するために，これまでに身につけた英語の基礎的な力をまだ十分に活用できていない状態であることがわかった。
5.　トピックの絞り込み
英語の基礎的な力は身についているが，ライティング・テストの平均値が2.88（5.00満点）と低く，英語を書くことは難しいと感じながらもその力を伸ばしたいと思っている生徒が，学習した単語や文法事項を活用して，話の流れを考えながら自分の言いたいことを英語で書いて表現できるようにするためには，どのような指導が必要か。

6. リサーチを終えて

6. 仮説設定
(1) 授業で学習した重要表現を使って自分の言いたいことを英語で書いて表現する練習を行うようにすれば，生徒の英語を書く力が向上し，自分の言いたいことを英語で書いて表現できるようになる。

(2) ある程度まとまりのある英文で自分の言いたいことを書いて表現する練習を行うようにすれば，生徒の英語を書く力が向上し，4〜5文以上のまとまりのある英文で自分の言いたいことを書いて表現できるようになる。

7. 計画
週1回約20分間，学習した重要表現を使って自分の言いたいことを英語で書いて表現する練習を行うこととする。まず，生徒が英文を作りやすいように，あらかじめ教師がいくつかの質問を用意し，生徒はそれに答える形で学習した重要表現を活用しながら自分の言いたいことを英語で書いて表現する。その後，自分の書いた答えを基に，話の流れを考えながら4〜5文以上でまとまりのある英文を完成させることとする。授業時間に制約があるため，2週にわたって1つのテーマを扱い，毎週前半あるいは後半のどちらか一方のみの指導を行うこととする。

8. 実践
週1回約20分間，計6回の書くことの指導を行い，生徒は，3つの異なるテーマについて4〜5文以上のまとまりのある英文で自分の言いたいことを書いて表現する活動を行った。

9. 検証
仮説（1）と仮説（2）の両方が支持されたと判断できる。まず，ライティング・テストの結果では，書くことの指導実施前後で，クラスの平均値が2.88から3.96へと向上し，この2つの平均値の差について，t検定を行ったところ，有意な差が確認され（$t(23) = 18.80$, $p < .01$），生徒の書く力が伸びたと言えることがわかった。また，生徒による自己評価の結果からも，クラス全員が，授業で学習した重要表現を活用して，自分の言いたいことを英語で書いて表現することができたと認識していることが確認できた。

10. 内省
学習した重要表現を活用しながら英文を書く練習を取り入れることによって，生徒の英語を書いて表現する力が向上し，また話の流れを考えながらある程度まとまりのある英文を書くことができるようになった。しかし，英文を書く練習がまだ十分に与えられているとは言えず，引き続き書く練習を行っていく必要がある。さらに，今後はある程度まとまりのある英文を書く際に，生徒の文法力や語彙力の不足を補うための効果的な支援方法を探っていきたい。

11. まとめ
これまでも，自分なりにリサーチ・クエスチョンや仮説を持ちながら日々の授業に取り組んできたつもりだったが，なかなか時間的な余裕がなく，ある1つの試みを実践したことだけで満足して終わってしまったことが多いのも事実であると思った。自分の実践した指導がどれだけ有効であったのかを客観的に分析し，それを次の指導に活かしていくことが実はとても重要な作業であるということを今回のリサーチの実践を通して実感した。また，生徒の声を聞いたり，自分の指導実践を振り返ったりすることは，普段やっていることのようでも実は意外と抜け落ちていた部分であると気づかされた。

資料2　ワークシート17（例）　アクション・リサーチの概要（高校編）

タイトル： 　　　　高校におけるスピーキング指導に関するアクション・リサーチ 　　　　　　　　　　　　　　　　　　　　　　所属：公　立　高　校 　　　　　　　　　　　　　　　　　　　　　　氏名：近　藤　泰　城
1. 研究の背景
公立高校英語科2年C組「英語表現」において，英語による日常的なやりとりにとどまることなく，自分の意見を明確に英語で表現できるようにするためには，どのような指導が必要かを探るため，アクション・リサーチを実践することにした。生徒数は，合計38名（男子17名，女子21名）である。このクラスの生徒は，英語を専攻しているため，英語に関する学習意欲も習熟度も比較的高い生徒が多いが，まだ英語をコミュニケーションの手段として十分に活用し，自分の意見や考えを明確に表現できるところまでにはいたっていない。
2. 授業の現状
Journalの記録によると，リサーチ開始時の生徒の様子は次の通りである。 4月15日（水） ALTから週末の過ごし方について英語で質問されると，何とか自分なりに答えようとしている生徒が多いが，会話はあまり長く続かないことが多かった。 4月22日（水） 英語のスピーキング活動を行っても，誤りを恐れるためか積極的に話そうとする生徒が少ない。
3. テーマの明確化
英語に関する学習意欲も習熟度も比較的高い生徒が，英語による会話に積極的に参加し，日常的なやりとりにとどまることなく，自分の意見や考えを明確に話すことができるようにするためには，どのような指導が必要か。
4. 予備調査
(1) アンケート調査 　英語を話せるようになるためには，積極的に会話に参加することが必要であり，そのため一定の自信が必要であると思われる。そこで，英語で話すことに関する生徒の自信を調査した。英語で日常的なやりとりをすることと英語で自分の意見を言うことについて自信があるという2つの質問項目について，7件法（1＝断然いいえ，7＝断然はい）で回答を求めた結果，クラスの平均値がそれぞれ2.66，2.50であり，生徒の自信が予想以上に低いことがわかった。 (2) スピーキング・テスト 　現段階での生徒の英語による会話能力のレベルを測定するために，ALTとの英語によるインタビューテストを行った。「英国ナショナルカリキュラム」に示されている現代外国語のスピーキングに関するattainment target[注]に基づき，生徒のスピーキング能力をALTが評価した。このattainment targetでは，8段階のレベルとさらにその上に1つの例外的レベルが示されているが，ALTが行った評価結果のクラス平均値は4.82であり，この結果によると生徒のスピーキング力は身振りや手振りを使って簡単な会話をすることができるレベルであることがわかった。

5. トピックの絞り込み
身振りや手振りを使って簡単な会話をすることができるが，英語を話すことに自信を持てない生徒が，日常的なやりとりにとどまることなく，自分の意見や考えを明確に話すことができるようにするためには，どのような指導が必要か。

6. 仮説設定
(1) 会話表現を含む教材を使って shadowing 練習を行えば，英語を話すことに対する自信を高めることができる。 (2) 与えられたテーマについてライティング活動を行った後で，その内容を口頭で相手に伝え，質疑応答をする活動を繰り返し行えば，自信を持って英語で自分の意見や考えを話せるようになる。

7. 計画
(1) 週2回，授業の開始時に約5分ずつ（全12回），英検2級のリスニング問題で出題されたダイアログを使用して shadowing 練習を行うこととする。 (2) 2週間ごとに1つのテーマを与え，それに関するライティング活動とスピーキング活動をそれぞれ計3回ずつ行うこととする。

8. 実践
週2回約5分ずつ（合計12回），英検2級のリスニング問題で出題されたダイアログを使用して shadowing 練習を行った。また，2週間ごとに1つのテーマを与え，それに関して自分の意見や考えを英語で書いて表現する活動を行った上で，自分の書いた英文を基に小グループに分かれて発表を行い，さらにその内容に関して英語による質疑応答も行った。生徒全員が，合計3つのテーマを扱い，発表と質疑応答も計3回ずつ行った。

9. 検証
仮説(1)と仮説(2)の両方が支持されたと判断できる。 　まず，この指導実施後，英語で話すことに関する生徒の自信を再び調査した。その結果によると，英語で日常的なやりとりをすることと英語で自分の意見を言うことについて自信があるという2つの質問項目について，クラスの平均値がそれぞれ3.24, 2.95であり，どちらも指導実施前の2.66, 2.50に比べると向上した。この平均値の差についてそれぞれ t 検定を行ったところ，有意な差が確認された（$t(37) = 7.13, p < .01; t(37) = 5.47, p < .01$）。したがって，英語で日常的なやりとりをすることと英語で自分の意見を言うことの両方において生徒の自信を高めることができたと言える。 　また，この指導実施後 ALT との英語によるインタビューテストを再び実施した。その結果によると，クラスの平均値が4.82から5.08へわずかであるが向上した。この平均値の差について t 検定を行ったところ，有意な差が確認された（$t(37) = 3.64, p < .01$）。この結果によると，生徒のスピーキング力は，クラスの平均値でレベル4からレベル5に向上し，身振りや手振りを使って簡単な会話をすることができるレベルから短い会話に参加できるレベルまで高まったことが確認された。

10. 内省
指導開始時に比べると，生徒の自信を高めることはできたが，クラスの平均値でみると，日常的なやりとりについても自分の意見を言うことについても 3.24，2.95 と依然低いままである。したがって，話すことに対する練習が質量ともにまだ十分ではないと思われる。しかし，生徒の自信もスピーキング力も向上している点から考えると，今回行った指導の効果はある程度確認されたといってよく，さらに長期的にこのスピーキングの指導を継続して実践していくことによって，これらをさらに向上させることが期待できる。また，アンケートの自由記述の回答では「スピーキング力を高めるためにどうしたらよいかわからない」という生徒の回答が数名に見られた。今後は，このようにスピーキング力を高めたいが，実際にどうすればよいかがわからないという悩みを抱えている生徒に対して，その具体的な学習方法に関するアドバイスを提供していくことが必要であると思った。

11. まとめ
今回スピーキングの指導を行ってみて，アウトプットをさせようと焦るあまり，インプットの指導がおろそかになってしまったように思った。生徒が自分の言いたいことを英語で伝えることができるようになるためには，そのために活用できる英語表現をたくさんインプットすることも大切なのではないかと思った。その上，今後はインプットの学習をアウトプットのレベルまで深く学ばせることができるような指導を計画・実践していきたい。

[注] National Curriculum, Key stages 3 & 4, Attainment targets for modern foreign languages, Attainment target 2: Speaking
http://curriculum.qcda.gov.uk/key-stages-3-and-4/subjects/modern-foreign-languages/attainmenttargets/index.aspx?return=/key-stages-3-and-4/subjects/modern-foreign-languages/index.aspx%3Freturn%3D/key-stages-3-and-4/subjects/index.aspx

6. リサーチを終えて

資料3　ワークシート17（例）　アクション・リサーチの概要（大学編）

タイトル：
大学英語授業における多読指導の試みに関するアクション・リサーチ 　　　　　　　　　　　　　　　　　　　　　所属：私　立　大　学 　　　　　　　　　　　　　　　　　　　　　氏名：三　上　明　洋
1. 研究の背景
私立大学文系学部2年「英語演習3」というリーディングを中心に総合的な英語の基礎力を育成する科目において，アクション・リサーチを実践することにした。この科目では，習熟度別クラス編成を実施しており，リサーチ対象クラスはその中の最上位のクラスである。しかし，すでにTOEICスコアーによる単位認定を受けた学生が除かれており，受講学生の英語力はそれほど高いとは言えない。受講者数は，全16名（男子6名，女子10名）である。本リサーチ実践の目的は，このクラスを対象にアクション・リサーチを実践し，英語リーディング力を向上させる効果的な指導法を明らかにすることである。
2. 授業の現状
Journalの記録によると，リサーチ開始時の学生の様子は次の通りである。 4月23日（木） 学生の英語の読みを観察してみると，ゆっくりと時間をかけて1語ずつ丁寧に読んでいるように思える。まとまった量の英文を読む機会が少ないのであろう。また，文法訳読式に慣れているためかもしれない。 4月30日（木） Phrase Readingの練習では，だいぶ学生の反応がよくスムーズに練習ができた。このような練習を繰り返し行うことにより，意味のまとまりごとに英文を理解できるようになるのではないか。
3. テーマの明確化
まとまった量の英文を読む機会が少なく，文法訳読式に慣れている学生が，目的に応じた適切な速さで英文を読んだり，大まかな内容をできるだけ速く読み取ることができるようにするためには，どのような指導が必要か。
4. 予備調査
(1) アンケート調査 　受講学生を対象にアンケート調査を実施したところ，英語を読むことはどちらかというと楽しい方でありあまり負担ではないが，得意とは思っていないことがわかった。また，もっと多くの英語を読みたい，読む速さを向上させたいという思いは強いが，授業での使用教材以外に英語を読むことがあるのは7名（44%）であり，またその半数がTOEIC用の参考書・問題集を使っていることがわかった。 (2) リーディング・テスト 　授業での使用教材Chapter 3の英文を使って，学生の読解速度（読語数÷読解時間）と読解効率（読解速度×内容理解問題の正答率）を測定した結果，クラス平均値は，それぞれ93.1 wpm, 78.6 wpmであることがわかった。やはり，英文を読む速度は決して速いとは言えず，読みの速度を向上させる指導が必要であることがわかった。

5. トピックの絞り込み
授業での使用教材以外に英語を読む機会が少なく，読解速度と読解効率の平均値がそれぞれ 93.1 wpm，78.6 wpm である学生が，もっと多くの英文を読み読解速度と読解効率を向上させることができるようにするためには，どのような指導が必要か。
6. 仮説設定
(1) 授業の中で多読指導を行うようにすれば，学生の英文読書量を増加させることができるようになる。 (2) 授業の中で多読指導を行うようにすれば，学生の読解速度と読解効率を共に向上させることができるようになる。
7. 計画
(1) 学生の英文読書量を増加させ，読解速度と読解効率を向上させるために，週1回約30分ずつ（全7回），多読指導を実施する。 (2) 教室に多読用図書（Graded readers）を持ち込み，学生が読みたい本を選んで各自のペースで読み，読んだ本に関する記録をとることとする。
8. 実践
週1回約30分の多読指導を合計7回実施した。多読指導を開始する初回の授業では，多読プログラムの案内を配布し，その目的や方法などについて学生に説明した。学生は，用意した Graded readers に興味を持ち，各自のペースで熱心に読み進めていた。そして，1冊読み終えるごとに，本のタイトルやレベル，読語数，総読語数などを記録シートに丁寧に記入していた。
9. 検証
仮説 (1) と仮説 (2) の一部が支持されたと判断できる。 　学生の記録シートに基づき，全7回分の多読実施状況を集計してみると，全読破冊数のクラス平均は 13.7 冊，総読語数のクラス平均は 11,020 語であることがわかった。また，最多読語者と最少読語者の総読語数は，それぞれ 17,545 語，5,100 語であった。したがって，授業での使用教材以外に英語を読む機会のほとんどなかった学生が，7回の多読プログラムの実践によって，平均して約1万語を超える英語を読んだことになり，学生の英文読書量を増加させることができたことが確認できた。 　また，多読指導実施後，授業の中で予備調査と同様の手順でリーディング・テストを実施した。その結果，学生の読解速度と読解効率のクラス平均は，それぞれ 110.0 wpm，84.8 wpm であり，多読指導実施前の 93.1 wpm，78.6 wpm に比べてどちらも向上していることがわかった。これについて，データの数が少なく正規分布とは認めがたいので，ウィルコクソン（Wilcoxon）のサイン・ランク検定を行ったところ，読解速度については有意差（$p < .01$）が確認されたが，読解効率については有意差が確認されなかった。したがって，多読指導実施前後の学生の読解速度は向上したと言えるが，読解効率は向上したとは言えないことがわかった。

6. リサーチを終えて

10. 内省
授業内で多読指導を行ったところ，学生が熱心に Graded Readers を読む姿が確認された。その結果，学生の英文読書量は増加し，読解速度を向上させることができた。ただし，学生の読解効率を向上させることができたとは言えず，英文を読む速度と共に理解度を向上させるためにはどのような指導が必要かをさらに探っていく必要がある。また，多読プログラムをさらに改良するためには，Graded Readers のレベルや種類を増やすとともに，授業時間以外での多読を奨励する必要がある。
11. まとめ
授業の中に多読指導を初めて取り入れたが，学生の反応は非常によく，熱心に Graded Readers を読む姿が印象的であった。このように学生が英語に触れる機会を増やし，英語への抵抗感を減らし，英語の本を楽しむことができるよう，さらに指導を工夫していきたい。また，自分も学生とともに Graded Readers を読み，その面白さに気づかされた。まず，教員である自分自身が興味を持って Graded Readers を読み，さらにその姿を学生に示していくことが大切であると改めて気づいた。一方，用意された Graded Readers を学生が個々にただ読むというだけではなく，学生同士が読んだ本に関する意見・情報交換を行えるようにするとさらに良いと思った。しかし，それには英文を読む時間の確保という点で問題があるため，そのような活動をどのように取り入れていくかが今後の課題と言える。

第3部 アクション・リサーチを成功させよう！

　第1部では，アクション・リサーチの基礎的な理論を，第2部では，その具体的な実践方法を説明しました。最後に，第3部では，サポート編として，著者自身のリサーチ実践と他の教員によるリサーチ実践を支援した経験を基に，リサーチの実践者と支援者に対して，それらを成功させるためのポイントをそれぞれ説明します。また，アクション・リサーチの支援を充実させるための1つの方法として，メンタリングという新しい手法の活用について紹介します。

第1章 アクション・リサーチ実践者へのメッセージ

　授業改善を図るため，アクション・リサーチに取り組もうと決心をした教員のみなさんは，きっと教育に対する熱い情熱と強いエネルギーを持っていることでしょう。だからこそ，日頃行っている授業に満足できず，自分の指導力不足を嘆いているのかもしれません。しかし，だからといってアクション・リサーチを実践しようとしても，その研究手法に慣れないうちは，どのようにリサーチを進めていけばよいのか戸惑うことも多いはずです。また，第1部と第2部の説明を読んでも，それを実践する自信がなかなか持てないという人もいるかもしれません。そこで，ここではアクション・リサーチの実践を開始し，1サイクルを継続してやり遂げるために，リサーチ実践者に心がけてほしい3つのポイントをあげておきます。まずは，これらの点に注意して，アクション・リサーチの実践を開始し，1サイクルを最後までやり遂げることを目指すとよいでしょう。

1.　Journal の記録から始める

　第1部から第2部にかけて，アクション・リサーチの理論と実践方法について説明してきましたが，はじめからその説明通りに完璧なリサーチを実践することはなかなか難しいものです。円滑にアクション・リサーチを実践できるようになるためには，実践経験を積み重ね，リサーチ手法に慣れることが不可欠です。ですから，どうしたら充実したリサーチを完成させることができるかと頭の中で考えるよりも，まずはアクション・リサーチの最初の Step となる Journal の記録を始めてみて下さい。そうすれば，きっと自分の授業について今まで気づかなかった多くのことを発見でき，授業改善につながるヒントを手にすることができるはずです。そして，その手がかりを出発点として，本書を片手に試行錯誤を繰り返しながら，リサーチの実践経験を積み重ねていくことを勧めます。まずは，授業改善のための第1歩を踏み出すことが大切です。

2.　小さなトピックから始める

　はじめは欲張らずに，小さなテーマやトピックから始めて下さい。リサーチを実践するというと，他の誰も試みたことのない新しい試みをしなければならないとい

うプレッシャーに襲われてしまうかもしれませんが，アクション・リサーチでは，まずは現在自分の行っている指導を振り返ることが大切です。日頃の授業を見直し，自分にとって無理なく実施できる小さな変化を探し出し，それを実行してみて下さい。そして，その効果を確かめ，内省を深めます。このように，実施可能な小さな試みを実行し，それに対する内省を深めることを繰り返すことによって，初めは本当に小さな変化であったとしても，やがてはそれが大きな授業改革に発展していくはずです。まずは，授業を改善するために自分にできることを探し出すことが大切です。

3. 仲間を作る

　アクション・リサーチを実践する時には，お互いに励まし協力し合える仲間を作ることが大切です。リサーチの実践に伴う負担が大きいことやその実践方法の複雑さが原因となって生じる不安など，アクション・リサーチの実践を困難にする要因にはさまざまなものがあります。しかし，リサーチの実践過程で何らかの問題点に直面しゆき詰まってしまった時でも，その疑問や悩みを相談できる仲間が近くにいれば，それを解決し，何とかリサーチを進めていくことができるはずです。また，同じように授業改善を目指す仲間が近くにいて，その仲間と意見・情報交換を図ることによって，お互いの授業やリサーチの内容を充実させることもできるでしょう。このように，他のリサーチ実践者と交流を図ることは，アクション・リサーチの実践を成功させるための重要な鍵の1つになるはずです。ですから，アクション・リサーチを実践する時には，積極的に仲間を作るよう心がけて下さい。

　ただし，教員にとっての仲間とは，同僚や先輩教員だけとは限りません。最も近くにいる一番の仲間は，目の前にいる生徒達ということを忘れないで下さい。新たな試みがうまくいかないときには，なぜうまくいかないのか，どうしたらうまくいくのか，こういう活動に変えてみたらどうなるだろうなどと，教員1人で悩みを抱え込まずに，生徒達に質問・相談してみるとよいでしょう。そうすることによって，1人で悩んでいるよりも簡単に疑問や悩みを解決できることも多いはずです。アクション・リサーチを実践する教員には，生徒達と一緒になって授業を作り上げていくという姿勢をこれまで以上に強く持つことが必要です。クラス全体で授業の進め方について話し合いをしたり，休み時間あるいは放課後の時間を使って，数人の生徒達に授業の感想を尋ねてみたりするのもよいでしょう。このような生徒達との交流の中にこそ，授業改善につながるよいアイデアやヒントが数多く隠されているはずです。

第2章 アクション・リサーチ支援者へのメッセージ

　近頃，全国各地で行われる教員研修や研究会などにおいて，教員の指導力を向上させたり，授業を改善したりする目的で，アクション・リサーチという研究手法が取り入れられることが多くなってきています。しかし，アクション・リサーチの実践方法には複雑で曖昧な部分が多いため，そのような研修に1度参加したとしても，実際に教員がその研究手法を効果的に活用して，自分の担当授業の改善を実現させることはなかなか難しくてできないようです。そこで，ここではアクション・リサーチの教員研修を成功させるために，その研修主催者に注意してほしい3つのポイントをあげておきます。これらが，参加教員の授業改善に直接結びつく教員研修の実現に少しでも役立つことを願っています。

1. アクション・リサーチを実践する機会を提供する

　アクション・リサーチには，質的研究手法の持つ複雑さや曖昧さがあり，1日あるいは数時間という短い研修時間だけでは，参加教員が，その研究手法を正確に理解し，実際に自分の担当授業を対象にリサーチを実践できるようになるまでにはなかなか至りません。ですから，アクション・リサーチの教員研修では，その研究手法を紹介することにとどまらず，参加教員が実際に担当授業を対象にアクション・リサーチを実践し，授業改善を図ることができる機会を提供することが必要です。そして，参加教員がアクション・リサーチの実践を試みていく中で，その研究手法に対する理解を深め，自分の授業を改善するための具体的な方法を身につけることを目指すとよいでしょう。

2. アクション・リサーチの実践に必要な支援を提供する

　アクション・リサーチの研究手法を紹介し，その実践を開始するきっかけを提供したとしても，すべての参加教員が独力でリサーチの1サイクルを最後までやり遂げ，授業改善を図ることができるとは限りません。残念ながら，参加教員が，自分の担当授業を対象にアクション・リサーチを実践し始めても，その実践過程でさまざまな問題に直面し，それを解決することができずに途中でリサーチを断念してしまうことも多いものです。ですから，アクション・リサーチの教員研修では，参加

教員にアクション・リサーチを実践する機会を提供すると共に，最後までそれをやり遂げることができるよう，研修主催者が中心となって必要な支援を提供する必要があります。参加教員が，リサーチの実践過程において何らかの疑問や悩みに直面した場合には，できるだけ早くそれらを解決できるよう，研修主催者から適切な助言や支援を受けられるような支援体制を作っておくことが望ましいでしょう。つまり，研修主催者が最初のリサーチ仲間となり，少なくともリサーチの1サイクルを終了するまでは，参加教員のリサーチ実践を支援するという気持ちを持つことが大切です。

3. 個別的・具体的な助言・支援を提供する

　これまで，著者は，初めてアクション・リサーチを実践する現職の英語教員に対してその実践を支援する試みを行ってきましたが，各教員がリサーチ実践過程で抱える疑問や悩みは，リサーチの実施手順に関するものから英語教授法・指導技術あるいは評価法に関するものまで実にさまざまです。ですから，アクション・リサーチの実践を支援する場合には，各教員のリサーチ実施状況に応じて，個別にそしてできるだけ具体的な助言や支援を提供する必要があります。そのためには，研修主催者は，定期的に参加教員と連絡を取り合い，リサーチ実施上の疑問や悩みを正確に把握し，遅れることなくその解決に向けた助言や支援を提供するよう心がける必要があるでしょう。その際には，インターネットを利用したウェブページ，メーリングリスト，電子メールなどを適切に組み合わせて活用すれば，地理的，時間的な制約を受けずに，参加教員のリサーチの進度状況を確認したり，具体的なアドバイスを個別に提供することができます。ただし，電子メールを送信してもなかなか応答がなかったり，メーリングリストではメッセージの発言者が限られてしまったりするなど，インターネットによるコミュニケーションだけでは連絡が停滞しがちになってしまう恐れもあります。そのような場合には，電話や直接顔を合わせて意見・情報交換をするなどして，コミュニケーション不足を補うことが大切です。このように，研修主催者は，電子メールやメーリングリストなどのオンラインに加えて，電話や対面式のオフラインでの交流も図り，参加教員の疑問や悩みをできるだけ早く正確に把握し，必要な助言・支援を個別的・具体的に提供するよう心がける必要があるでしょう。

　ところが，参加教員数が多い場合には，研修主催者1人で全員に個別的な支援を提供することは難しくなってしまいます。ですから，この場合には研修主催者だけで全参加教員のリサーチ実践を支援するのではなく，むしろ参加教員同士の交流を促し，お互いに協力し合える仲間となれるよう，研修主催者がアクション・リサーチ実践者の仲間作りを手助けするとよいでしょう。

第3章 メンタリングの活用

　著者は、アクション・リサーチの実践研究支援体制を充実させる1つの方法として、メンタリングの手法を活用した新しい試みを行っています。ここで言うメンタリングとは、すでにアクション・リサーチを実践した経験のある英語教員がメンター候補者となり、初めてアクション・リサーチを実践する英語教員（メンティ）と2人1組でペアとなり、継続的・定期的に意見・情報交換を行い、メンティが円滑にアクション・リサーチを進められるよう必要な支援を提供することです。2007年9月から2008年3月までの約6か月間、大学英語教員2名を対象に実際に行ったメンタリングの実践においては、メンター候補者とメンティが、メーリングリスト、電子メール、電話、面談という異なるコミュニケーション手段を適切に組み合わせて活用し、定期的に交流を図り、メンティはメンター候補者からの支援によってアクション・リサーチの1サイクルを最後までやり遂げることができました。この結果は三上（2009）に詳しくまとめてありますし、メンターからメンティへの助言・支援の方法については三上・三上（2008）で説明をしていますので、興味のある方はそちらを参考にして下さい。

　アクション・リサーチの実践方法に複雑さや曖昧さが含まれることは、その実践を難しくするだけではなく、その支援を難しくすることにもなってしまいます。しかし、このメンタリングの手法を活用することによって、メンター候補者は、メンティのアクション・リサーチ実施上の疑問点や問題点を具体的に把握することができ、メンティにとって必要な助言・支援を必要な時に提供することができます。その結果、メンティは初めてのリサーチ実践であるにもかかわらず、メンター候補者からの支援を受けながら、それを最後までやり遂げることができるようになります。一方、メンター候補者は、実際にメンティのリサーチ実践を支援する経験を通して、メンターとしての役割を理解することもできます。こうして、メンタリングの実践を通して、メンティはリサーチ実践者として、メンター候補者はリサーチ支援者として共に成長することができるのです。

　このメンタリングの試みはまだ始まったばかりですが、今後はアクション・リサーチの実践を通して、教員が互いに協力し、リサーチ実践者と支援者が分け隔てなく交流を図り、一緒に授業改善に取り組んでいくことのできる体制を作ることがます

ます求められるようになると思います.メンタリングは,そのための1つの効果的な手段になると著者は信じています.

＊　　＊　　＊

　第3部では,アクション・リサーチの実践者と支援者に対して,リサーチの実践と支援を成功させるためのポイントをそれぞれ説明しました.また,リサーチ実践者を支援する効果的な方法の1つとして,メンタリングという新しい手法を紹介しました.これらを参考に,アクション・リサーチの1サイクルを最後までやり遂げ,その効果を実際に体験できる教員が増えるとともに,リサーチ実践者の支援体制がさらに充実することを願っています.

■引用文献

鎌原雅彦・宮下一博・大野木裕明・中澤潤（1998）『心理学マニュアル：質問紙法』京都：北大路書房
清川英男（1990）『英語教育研究入門』東京：大修館書店
佐野正之編著（2000）『アクション・リサーチのすすめ―新しい英語授業研究』東京：大修館書店
佐野正之編著（2005）『はじめてのアクション・リサーチ―英語の授業を改善するために』東京：大修館書店
三重県立川越高等学校（2005）『スーパー・イングリッシュ・ランゲージ・ハイスクール 平成14〜16年度実施報告書』
三上明洋（2002）「大学における英文読解指導のアクション・リサーチ」『第28回全国英語教育学会神戸研究大会発表論文集』pp. 379-380.
三上明洋（2009）「メンタリングによるアクション・リサーチ実践研究指導者育成の試み」『中部地区英語教育学会紀要』38 pp., 301-308.
三上明洋・三上由香（2008）「アクション・リサーチのメンター／メンティ制度のすすめ」『英語教育』11月号，pp. 34-36.
横溝紳一郎（2000）『日本語教師のためのアクション・リサーチ』東京：凡人社

Web page:
アクション・リサーチの会@近畿
　　　http://www.eonet.ne.jp/~aki-mikami/ar/index.html
National Curriculum, Attainment targets for modern foreign languages
　　　http://curriculum.qcda.gov.uk/index.aspx

■あとがき

　私がアクション・リサーチに初めて出会ってから，早いものでもう10年ほどが経ちました。我が国の多くの英語教員と同じように，佐野正之先生の著書，雑誌記事あるいは講演などを通して，その研究手法の魅力に引かれ，自分の授業を少しでも良くしたいと思い，これまでアクション・リサーチに取り組んできました。また，アクション・リサーチを通じて，多くの中学，高校，大学などの英語教員と知り合うこともできました。さらに，アクション・リサーチの素晴らしさを多くの英語教員に実際に体験していただき，その成果を共有していきたいと思い，最近では英語教員によるリサーチ実践の支援も行っています。そして，今では以前よりも増して，アクション・リサーチはまさに教員のための教員による授業研究法であると強く思うようになっています。

　アクション・リサーチは，教員が時間をかけて自分自身の授業を計画・実践・内省し，その問題点の発見と解決につなげていくプロセス重視の研究手法と言われます。ところが，いくらプロセス重視の研究手法を取り入れたとしても，教員自身にそのような視点がなければ十分な効果は得られなくなってしまいます。今後，アクション・リサーチを取り入れた教員研修がますます増えることが予想されます。それにあわせて，教員の視点が変わり，授業への取り組み方が変わり，教員研修自体も変わっていくことを願っています。つまり，各教員がじっくりと自分自身の授業実践を見直し，時間をかけて一人一人が成長をしていくことができる研修の機会が増えることを期待せずにはいられません。

　本書によって，ますます多くの英語教員がアクション・リサーチと出会い，これまでしりごみをしていた教員が1人でもアクション・リサーチの実践を始められるよう，先生方の背中を軽く押し出すことができれば，とてもうれしく思います。

■収録ワークシート一覧

ワークシート 1.　　リサーチ対象クラス　（p.19）
ワークシート 2.　　アクション・リサーチ・スケジュール　（p.21）
ワークシート 3.　　リサーチ開始時の生徒へのメッセージ　（p.22）
ワークシート 4.　　Journal　（p.29）
ワークシート 5.　　問題点の発見と整理　（p.31）
ワークシート 6.　　Research Question の設定　（p.40）
ワークシート 7.　　予備調査の計画と結果　（p.46）
ワークシート 8.　　リサーチ・トピックの絞り込み　（p.51）
ワークシート 9.　　仮説の設定　（p.57）
ワークシート 10.　 指導実践計画表　（p.62）
ワークシート 11.　 典型的な指導手順（授業案）　（p.63）
ワークシート 12.　 発見メモ　（p.68）
ワークシート 13.　 仮説検証の調査計画　（p.76）
ワークシート 14.　 検証結果　（p.78）
ワークシート 15.　 内省　（p.85）
ワークシート 16.　 内省を促す8つの質問　（p.85）
ワークシート 17.　 アクション・リサーチの概要　（p.92）
ワークシート 18.　 研究発表の計画と結果　（p.95）

MEMO

MEMO

MEMO

[著者紹介]

三上明洋（みかみ　あきひろ）

近畿大学経営学部准教授。千葉大学大学院教育学研究科修士課程修了。高等学校教諭，鈴鹿工業高等専門学校講師，近畿大学語学教育部講師・准教授を経て，現職。専門は英語教育学。主な論文に，「アクション・リサーチによる英語授業改善の試み」（平成15年度高等専門学校教育教員研究集会講演論文集，国立高等専門学校協会会長賞受賞），「メンタリングによるアクション・リサーチ実践研究指導者育成の試み」（中部地区英語教育学会紀要38）などがある。

ワークシートを活用した実践アクション・リサーチ
——理想的な英語授業をめざして
©Akihiro Mikami, 2010

NDC375/viii, 116p/26cm

初版第1刷————2010年4月10日

著者	三上明洋
発行者	鈴木一行
発行所	株式会社 大修館書店

〒101-8466 東京都千代田区神田錦町3-24
電話 03-3295-6231(販売部) 03-3294-2357(編集部)
振替 00190-7-40504
[出版情報] http://www.taishukan.co.jp

装丁	坂下寿幸(B.C.)
印刷所	広研印刷
製本所	牧製本

ISBN978-4-469-24552-3　Printed in Japan

Ⓡ本書の全部または一部を無断で複写複製(コピー)することは、著作権法上での例外を除き禁じられています。